T0267826

Las 12 promesas del alma

Paz y sanación interior

Sharon M. Koenig

Las 12 promesas del alma

Paz y sanación interior

EDICIONES OBELISCO

Aunque los mensajes y el libro tienen la capacidad de aliviar el alma, las respuestas de la autora, el libro y su contenido no pueden diagnosticar ni sustituir un tratamiento o el consejo médico o profesional. Antes de comenzar una nueva rutina de ejercicios espirituales o físicos consulte a su médico o terapeuta. Nunca interrumpa tratamientos sin la debida supervisión médica. Por favor, en el caso de depresión, y en especial cuando se observen pensamientos suicidas o de incapacidad de manejar su vida o sus emociones, busque ayuda profesional rápidamente, ya que estos comportamientos reflejan una emergencia y es importante recurrir a ayuda inmediata.

Si este libro le ha interesado y desea que le mantengamos informado de nuestras publicaciones, escríbanos indicándonos qué temas son de su interés (Astrología, Autoayuda, Psicología, Artes Marciales, Naturismo, Espiritualidad, Tradición…) y gustosamente le complaceremos.

Puede consultar nuestro catálogo en www.edicionesobelisco.com

Colección Psicología-Autoayuda
Las 12 promesas del alma
Sharon M. Koenig

1.ª edición: junio de 2024

Corrección: *Sara Moreno*
Diseño de cubierta: *Sharon M. Koenig & Carol Briceño*
Imágenes y elementos gráficos de cubierta: *Canva*
Citas bíblicas parafraseadas por la autora a partir de diversas fuentes

© 2024, Sharon M. Koenig
(Reservados todos los derechos)
Foto de la autora © MJ Magnum
© 2024, Ediciones Obelisco, S. L.
(Reservados los derechos para la presente edición)

Edita: Ediciones Obelisco, S. L.
Collita, 23-25. Pol. Ind. Molí de la Bastida
08191 Rubí - Barcelona - España
Tel. 93 309 85 25 - Fax 93 309 85 23
E-mail: info@edicionesobelisco.com

ISBN: 978-84-1172-169-1
DL B 10188-2024

Printed in Spain

Impreso en España en los talleres gráficos de Romanyà/Valls S. A.
Verdaguer, 1 - 08786 Capellades (Barcelona)

Reservados todos los derechos. Ninguna parte de esta publicación, incluido el diseño de la cubierta, puede ser reproducida, almacenada, transmitida o utilizada en manera alguna por ningún medio, ya sea electrónico, químico, mecánico, óptico, de grabación o electrográfico, sin el previo consentimiento por escrito del editor. Diríjase a CEDRO (Centro Español de Derechos Reprográficos, www.cedro.org) si necesita fotocopiar o escanear algún fragmento de esta obra.

A Jesús, mi faro y destino.
A mi hija Gabbie, la más grande de mis bendiciones.
A mi abuelita Amparo, la primera persona devota que conocí;
hoy estás en el cielo y desde las alturas me sigues iluminando
con tu ejemplo.

Agradecimientos

La escritura de un libro nace del gran deseo de comunicar aprendizajes y vivencias personales que ya no podemos mantener escondidos en nuestro interior. En algunos momentos, escribir es un viaje estimulante, y en otros, es un camino lleno de dudas y cuestionamientos. A pesar de que gran parte de esta trayectoria creativa ocurre de manera solitaria, sin el aporte de un equipo que crea y trabaje en el proyecto, es imposible que nazca un libro.

Doy gracias a Dios, sobre todas las cosas, a los lectores y a todas las personas que de una u otra manera colaboraron para que este libro tuviera su renacer. Gracias al equipo de Ediciones Obelisco, en Barcelona: a mi editor, Juli Peradejordi, por su apoyo incondicional a través de mis diferentes etapas de inspiración; igualmente gracias a Anna Mañas y a Mari Carmen Mediavilla, por su ayuda. Gracias a Lucía Laratelli y a Mariela Díaz de Spanish Publishers, y a todo su equipo en Miami. Gracias, Giovanna Cuccia, por tanto.

Gracias, querida Martha Daza, por muchos años de lecciones de escritura, de ediciones y correcciones, pero más importante aún, de amistad.

Gracias a mi equipo de publicidad: Josué Rivas, Emmanuel Cavazos y Roberto Jones. Este libro no sería posible sin las conversaciones y lecciones del padre Damon Geiger.

Gracias a HarperCollins Español por la producción de la primera versión de este libro.

Introducción

Escribí mi primer libro, *Los ciclos del alma,* como una respuesta a la búsqueda de un mensaje que no lograba encontrar; su éxito fue una sorpresa; innumerables cartas testimoniales de lectores dieron fe de lo que sucede cuando realizamos algo tan sencillo como la entrega de nuestros sueños a Dios.

Durante mucho tiempo busqué el secreto de la felicidad que tanto me eludía. Erróneamente pensaba que a través de un nuevo curso de iluminación podía sanar toda una vida llena de caídas, desde el dolor del maltrato de mi niñez hasta el vacío existencial en mi edad adulta. La mayor parte de mi juventud estudié en un colegio católico, pero el lenguaje de culpa y las amenazas de castigo rápidamente me alejaron de la fe de mi cuna. En su lugar me dediqué a una incansable búsqueda que me llevó a aprender de varias religiones y de varios maestros junto a sus diversas filosofías. No hay duda de que de todas adquirí algunos conocimientos y hasta promoví algunas de ellas, pero al final siempre sentía que algo me faltaba, porque creía equivocadamente que la felicidad era el resultado de hacer lo que se siente, retener lo que se tiene y perseguir lo que se quiere. Sin embargo, comencé a tener un vestigio de la respuesta al hacer todo lo contrario: entregar mis mayores deseos a Dios a cambio de algo mucho más preciado: la paz.

La estrella de mi norte no fue un nuevo y sofisticado método espiritual, sino una oración común pero poco comprendida, y que demasiadas veces es recitada en automático: el padrenuestro, una invitación directa a Dios, tal como la mostró Jesús. Fue al recitar estas palabras cuando aprendí que la clave de mi paz era tan simple como entregarme a Dios para luego descansar en su voluntad, aunque todos sabemos que no es tan sencillo como aparenta ser. Mientras crecía con la práctica de la entrega, poco a poco mis ojos comenzaron a abrirse, porque caminar con Dios es un proceso diario de despertar. Aprendí que para Dios lo más importante no es alcanzar la perfección, sino la acción misma de invocarle para luego estar dispuesto a entregarle.

Después de haber invertido la mitad de mi vida aprendiendo de diferentes culturas junto a muchas de sus prácticas y ritos, una de las experiencias más profundas la tuve frente a mi casa y en el lugar menos esperado: en una iglesia del rito bizantino. Ocurrió mientras ponía a prueba una de las promesas incluida en este libro, o, mejor dicho, mientras la vida me ponía a prueba con ellas, pero ya les contaré más adelante sobre esa y otras vivencias.

Este libro es el resultado de una investigación profunda, una excavación personal que me reveló un gran tesoro lleno de gemas de sabiduría olvidadas. *Las 12 promesas del alma,* como bien describe su título, son un conjunto de reflexiones sobre la sanación espiritual, un compendio de las lecciones aprendidas en ese camino; muchas compartidas en cientos de correos y conversaciones con una gran variedad de buscadores de la fe, desde personas que no tenían una relación con Dios hasta otras que ya habían logrado un encuentro con él. Este intercambio de comunicaciones me mostró que demasiadas veces la buena intención de caminar en la voluntad de Dios no es suficiente, porque, aunque no queramos admitirlo, siempre llegan los desafíos y ¿qué sucede cuando la voluntad de Dios y tu deseo más profundo no son compatibles? Las promesas nos muestran qué hacer para mantener la paz cuando los vientos soplan demasiado fuerte y nuestra fe comienza a tambalear. El propósito de estas promesas es la reflexión y el enfoque por medio de nuestra apertura consciente hacia Dios; en la medida que sigues en el camino, tus ojos se van abriendo.

Aunque en estas páginas estoy apoyada por algunas lecciones de la Biblia, mi intención no es evangelizar, convencer, o reclutar seguidores. Aquí sólo muestro algunas prácticas sencillas de oración para facilitar el pedir y escuchar la guía de Dios. Igualmente, aquí no encontrarás complicadas lecciones de iluminación o alquimia, sino un resumen de experiencias que igualmente están salpicadas por un poco de teología. Tras un largo proceso de depuración de pensamientos y creencias, me quedé con lo esencial, unos puntos de referencia que nos muestran cómo protegernos y no perder la paz cuando lleguen los retos, y mantenernos en el camino de la entrega a Dios en un estado de paz, incluso en medio de las tormentas de la vida. Este libro no sólo invita a reconocer la verdadera esencia de Dios, sino a liberarnos, sanar y tener paz, al tiempo que caminamos a su lado.

LAS PROMESAS DEL ALMA

Continuamente estamos haciendo promesas, damos nuestra palabra como una manera de reafirmar que realizaremos nuestra parte de lo que hemos establecido de antemano. Sellar un acuerdo con una promesa ayuda a que la colaboración de ambas partes se desarrolle con confianza y armonía. Conocemos bien el significado de la palabra «promesa» y la utilizamos para formalizar un compromiso; un tipo de contrato legal para asegurarle a la otra persona que cumpliremos.

En el contexto de este libro, las promesas tienen como fin la liberación y la sanación espiritual, y pueden ayudarte especialmente en esos momentos cuando exista conflicto entre tu mente, tu alma y tu corazón. Aquí, las promesas reflejan un compromiso con nuestra propia alma y, lejos de ser una imposición, son una invitación para ser consideradas por medio de la reflexión y la conciencia del propio Ser. Son también un voto de fidelidad a Dios y al plan de nuestra alma; al mismo tiempo, estas promesas son para nosotros, porque finalmente somos los únicos que podemos invitarle.

Hacemos promesas desde que tenemos uso de razón, a nuestros padres, a nuestra pareja, a nuestros amigos, a nuestros maestros, a nuestro país y muchas de ellas tienen su razón de ser, pero existen muchas otras promesas que no son tan obvias ni tan correctas, como cuando interiormente prometemos alejarnos de nuestra verdad y propósito, para conseguir la aprobación de los demás. Muchas de esas «falsas» promesas se convierten en nuestro motor interno y éstas, sin saberlo, nos empujan a ser como somos y a buscar cómo satisfacerlas, a menudo a costa de perder nuestra paz interior y nuestra alegría.

Por otro lado, existen unas promesas que tienen la cualidad de llevarnos hacia una paz y una dicha perdurables; éstas son las promesas del alma. Cuando hablo del alma, me refiero a esa parte de nosotros que trasciende nuestros sentidos.

Si mantenemos estas promesas, o las retomamos tras romperlas, comenzaremos nuevamente el camino de regreso a Dios. Si miramos desde la perspectiva de la eternidad, cuando la vida es sólo un paréntesis en lo infinito, es muy interesante recalcar que la palabra «promesa» en su estado original es lo que decimos antes de partir, cuando tenemos la intención de regresar; entonces sería como prometer regresar a nosotros mismos en esos momentos que sentimos haber perdido el camino. A fin de cuentas, una promesa es una palabra que se expresa, pero que sólo adquiere auténtico valor cuando se convierte en acción.

ROMPIENDO VIEJAS PROMESAS

Antes de hacer nuevas promesas necesitamos reconocer y descartar las que ya no nos ayudan. Para ser verdaderamente libres, necesitamos la valentía de romper las cadenas de los viejos contratos que silenciosamente nos mantienen atados a formas de ser que ya no nos sirven. Pensamos que somos libres para elegir, sin darnos cuenta de que muchas de nuestras elecciones están condicionadas a promesas antiguas o nulas, muchas que no se aplican a nuestra presente realidad. Tampoco ayuda que muchos de esos pactos de hoy, redactados en el ayer, estén sepultados y olvidados en lo profundo de nuestra memoria, porque la mayoría viven latentes afectando lo que hacemos desde nuestro interior. Para ser libres, es necesario reconocer esa parte de nosotros que se define por las promesas que pensamos que necesitamos cumplir, incluso al costo de perder nuestro ser auténtico. Promesas que calladamente evitan que podamos crecer y ser nosotros mismos.

Un ejemplo de una promesa equivocada podría ser un pacto con la voz de nuestros padres, cuando con su mejor intención escogen una carrera que sus hijos aceptan –sin ser su preferida–, lo que puede provocar una larga vida de insatisfacción laboral en la profesión equivocada. Otro ejemplo podría ser la promesa de brillar más que el hermano favorito y aparentemente perfecto, buscando siempre llamar la atención, negativa o positivamente. Existen muchos otros falsos acuerdos; como los pactos de abandono con toda aquella figura que les recuerde a uno de sus padres, porque quizás uno de ellos les abandonó de pequeños.

Hay también pactos con el alcohol, como cuando el exceso de bebida es una práctica habitual de su casa, y siguen aceptando, por ejemplo, una nueva pareja con los mismos hábitos; porque como bien se dice, los niños no aprenden de lo que se les dice, sino de lo que ven.

Existen también dolorosos pactos de soledad, tanto por miedo como por un engaño o falta de perdón. Sin saberlo, muchos intentamos salvar la relación imperfecta que tuvimos con nuestros padres, recreando precisamente muchas situaciones tristes del pasado a través de nuestras relaciones con los adultos del presente. Lo hacemos tratando de rescatar al que tomó demasiado, al enfermo, al ausente, al que nos abandonó, al que abusó o al que calló; pero no tiene que ser así, hoy podemos despertar con la misma energía y fuerza, hacer y rehacer nuevos pactos elegidos para nuestro bien. Muchos tenemos buenos pactos heredados de nuestra familia, generación tras generación, ya sea de trabajo, labor comunitaria o talentos, pero sin duda todos tenemos pactos que necesitan ser modificados y anulados. Identificar estos antiguos contratos requiere disciplina y conciencia, y más que todo, requiere hacer un nuevo pacto con algo mayor que nosotros: Dios, para que sea él quien nos muestre nuestro ser verdadero. Reconocernos es el comienzo de nuevos pactos que podremos transmitir también a las generaciones futuras y de esta manera romper con el dolor generacional.

Para saber quiénes somos, primero necesitamos poder reconocer a quien nos envió, porque he encontrado que muy poco podemos alcanzar sin su ayuda. Para lograrlo necesitamos ir más allá de la teoría, necesitamos llevar lo aprendido a la práctica por medio de la acción. Tal como sucede al comienzo de una nueva encomienda, sea una nueva relación o una empresa, necesitamos un compromiso, una guía que nos ayude a seguir la razón en vez de sucumbir a la emoción. Éstas son algunas promesas para no olvidar nuestra meta cuando el camino se vuelva difícil, cuando las cuestas sean demasiado empinadas o las tentaciones demasiado atractivas y nos inviten a olvidarnos de todo, tanto de Dios como de nosotros mismos.

Estas promesas cubren varias áreas importantes e incluyen desde cómo recobrar la salud hasta el reconocimiento de nuestras emociones; desde la mente hasta el perdón y la integridad; desde los miedos hasta el amor, y cómo alimentar el espíritu; y lo más importante, desde la muerte hasta la eternidad.

Las 12 promesas del alma son un camino para todas aquellas personas que buscan sanar algo que a veces no pueden identificar. Ese algo que falta puede estar acompañado por una experiencia triste del pasado que nos haya marcado, la pérdida de un ser querido, un abandono, un hogar quebrantado, una condición de salud precaria, un amor no correspondido o que no se haya olvidado. Mi intención es que estas lecciones, tal como lo han hecho conmigo, te lleven a una profunda transformación por medio de un encuentro de sanación espiritual con Dios. Al final, si lo permites, él mismo lo hará por ti.

CÓMO LEER ESTE LIBRO

Como dice su subtítulo, este libro es una guía para la paz y la sanación. Te recuerdo que las sanaciones y el crecimiento no siempre ocurren en un día, toman su tiempo, y aunque a veces la gracia de Dios puede regalarnos un milagro instantáneo, te recomiendo leer estas páginas pausadamente, siguiendo el orden de los capítulos si tu curiosidad te lo permite, aunque soy consciente de que existen lecciones que no pueden esperar.

Mientras lees, regálate unas pausas, respira y repite las oraciones cortas que encontrarás salpicando los textos. Al terminar la primera lectura completa del libro, podrás abrir sus páginas al azar cuando necesites un mensaje puntual sobre un tema concreto. Igualmente, es una buena práctica escribir tus reflexiones, preguntas y respuestas en una libreta. En estas páginas he retomado algunas de mis antiguas lecciones y les he añadido un significado más profundo, respondiendo así a muchas de las preguntas que durante años he recibido de mis queridos lectores. Incluyo algunas frases de mis autores favoritos y algunos versículos de la Biblia que comparto para reflexionar en algunas enseñanzas; las sugiero para utilizarlas como alas para volar en ellas, porque he descubierto que meditar sobre sus palabras tiene el poder de conectarte con quien las inspiró. Al final del libro, encontrarás un capítulo enteramente dedicado a las herramientas útiles para mantener las promesas. No es mi intención aclarar toda duda, sino lograr que estas lecciones, unidas a experiencias y consejos prácticos de la vida real, te ayuden a acercarte más a Dios. Al final lo más importante es señalar el camino hacia Dios, quien responderá tus inquietudes, y permitir que sea él quien, con su amor, logre saciar tu sed con dicha y paz.

UN ETERNO VIAJERO

En el pasado yo era como el eterno viajero, sin el compromiso de llegar a ninguna parte, un lujo posible cuando no se tiene un lugar fijo ni la urgencia de una hora de llegada, ni quién nos espere. El turista espiritual sólo se deleita en saciar su curiosidad con el paisaje cambiante del aprendizaje o con múltiples experiencias místicas y emocionantes. El eterno viajero es un coleccionista de información, pero no está muy interesado en poner las lecciones en práctica para lograr un cambio verdadero. Puede ser desviado por cualquier distracción o capricho, pues no tiene destino ni morada donde resguardarse. Su norte es sólo lo que se siente bien o se desea.

Durante años fui como ese peregrino, pero ya estaba cansada de vagar, necesitaba mucho más que un hospedaje para pasar la noche oscura del alma, necesitaba un hogar, un lugar de llegada y unos brazos que me recibieran no sólo en esta vida, sino en la eterna.

Cuando la meta es Dios, todo cambia y, aunque el horizonte no esté claro, sabes hacia dónde te diriges, quién camina a tu lado y quién te espera; aunque tus pasos sean lentos o se arrastren, tienes la certeza de que la meta está allí contigo, en tu corazón. Si bien esa compañía no puede verse, como la brisa, puede percibirse, y está allí siempre, esperándote y acompañándote. Dios ya está con nosotros, somos nosotros los que seguimos buscando en lugares equivocados.

Muchos hablan de «buscar en tu interior», pero descubrí que, si no estamos conectados conscientemente a Dios, allí sólo habrá un vacío. Esta llama no es autosuficiente ni autorrealizable, no puede autoayudarse;

somos totalmente dependientes de algo mayor, y precisamente ése era mi error, pensaba que podía hacerlo sola.

Llega un momento en la vida que nos damos cuenta de que vivir por las buenas intenciones y la voluntad propia, sin la ayuda de Dios, no es un modo de vida sostenible, al menos no por mucho tiempo. Muchos te dicen que el secreto es el desapego, es soltar y entregar, pero la pregunta es: ¿soltar qué?, ¿entregar a quién?, ¿cómo se hace?, ¿durante cuánto tiempo? C. S. Lewis afirmó: «Si encuentro deseos en mi interior que nada en esta Tierra puede satisfacer, la única explicación lógica es que fui hecho para otro mundo: el cielo».[1]

Vivir la muerte en vida es tratar en vano de obtener nuestro sentido de la vida y el valor propio por medio de lo perecedero. Renacer, en cambio, es permitir que el espíritu de Dios, que es lo mismo que su soplo de vida, se manifieste y nos reviva diariamente y en cada momento. Nacemos y revivimos en él cada vez que lo permitimos por medio de una invitación sincera y voluntaria para recibir su regalo de luz, que es cuando nuestro faro se enciende por su gracia, iluminando el camino propio y alumbrando el de los demás.

Las cosas que podemos obtener de este mundo pueden hacer que el camino parezca más liviano, pero al final no pueden sanarnos, sólo el Espíritu puede sanar el Espíritu.

Muchas personas se han alejado de Dios por miedo o por haber sufrido pérdidas que atribuyen a su castigo. Otros se han alejado porque sienten que no son dignos, que ese Dios y todos sus seguidores igualmente los juzgan, pero este mundo no es perfecto y les pregunto: si en su familia nace un niño con discapacidad, ¿cuánto lo ama su mamá?, ¿cuánto lo ama Dios? Dios nos ama a todos. Nadie quiere nacer con desventajas, pero aquí en la Tierra, de una u otra forma, todos tenemos nuestras vulnerabilidades: algunos flaquean en el amor, otros en la sa-

---

1. C. S. Lewis: *Mere Christianity*. Harper One, 2001, pp. 136-137. (Trad. cast.: *Mero Cristianismo*, Nueva York: Rayo, 2006).

lud, en las finanzas, en el físico, en la mente o en la personalidad, pero Dios nos acepta, nos valora, nos perdona y nos espera a todos por igual.

Si nuestro Creador es perfecto, ayudaría recordar por qué nuestro mundo no lo es. Esta y otras preguntas serán dilucidadas más adelante, aunque les anticipo que a veces la paz se encuentra más en la aceptación del misterio de la pregunta que en la certeza de su respuesta. Las preguntas del alma pueden convertirse en un llamado sincero. La clave no reside en encontrar la respuesta, sino quizás en cambiar la pregunta. En el pasado ya me había planteado la pregunta: ¿quién soy? Ahora necesitaba dar un paso más y preguntarme: ¿de quién soy?, ¿qué es lo que él quiere para mí? Más que un camino diferente, lo que me faltaba era la humildad de hacer una pausa antes de seguir el peregrinaje y preguntar: ¿quién me creó?, ¿hacia dónde voy?, ¿quién me espera en la otra vida?

Aquí les presento las 12 promesas que me llevaron a un dulce e inesperado regreso a casa, un camino que espero compartan conmigo de todo corazón.

CAPÍTULO 1

Prometo *reconocer* mi verdadero ser

«Dios te ha dado una cara, y tú te has hecho otra».[1]

—WILLIAM SHAKESPEARE

La búsqueda más intensa y al mismo tiempo la causa de la mayoría de los temores y las adicciones que tratan de apagarla es el resultado de lo que llamo «el miedo fundamental del ser humano», una angustia existencial que nace de la falta de certeza de quiénes somos y de no tener un sentido verdadero en la vida, lo que junto a la incertidumbre de no saber hacia dónde vamos y lo que sucederá después de la muerte, inconscientemente nos lleva a vivir con una ansiedad silenciosa pero latente que produce un vacío y una gran insatisfacción, sin importar lo alcanzado. Esa ansiedad es mejor conocida como miedo.

La ansiedad grupal nace de la falsa seguridad cuando en realidad estamos a merced de un mundo perecedero. En mi búsqueda por tantas culturas y tradiciones, encontré que nuestras historias sobre la realidad nos definen. Descubrí que existen muchas filosofías con diversas historias sobre el comienzo de la vida y que, igualmente existen muchas historias sobre su final. También pude ver que no todas estas historias me daban paz, porque consideraba que muchas no tenían un destino que me llenara de seguridad, dado que lo que creemos sobre la muerte marca profundamente nuestra paz y cómo vivimos en el presente. Es el temor conocido como el *timor mortis conturbat me*, que en latín sig-

---

1. William Shakespeare: *Hamlet.* Simon and Schuster, 2014, p.155. (Trad. cast.: *Hamlet.* Santander: Apuka Ediciones, 2015).

nifica «el miedo a la muerte me perturba». Si no tener un lugar donde pasar la noche es motivo de ansiedad para cualquiera, ahora imagina, ¿cuánta más incertidumbre sentiremos por no saber dónde pasaremos la eternidad?

Y ¿qué es la eternidad sino un presente continuo? No es lo mismo pensar en una posibilidad abstracta, o la de un lugar terrible, que saber que, en cualquier momento, si lo eliges, puedes estar junto a Dios, aquí y ahora. Una corrección de pensamientos y creencias sobre Dios, el origen y el fin de nuestra vida, cambió drásticamente mi presente y me llenó de paz.

MI HISTORIA

La espiritualidad se vive en etapas, y recuerdo muy bien mi adolescencia espiritual, cuando todavía era nómada del alma. Durante muchísimos años decidí experimentar con una gran variedad de modalidades para modificar mi pensamiento, incluyendo las de la motivación grupal, algunas no muy diferentes a muchos movimientos religiosos, donde el fanatismo nubla la razón. De estas etapas hablo con más detenimiento en mis memorias espirituales del libro *Desde Om hasta Amén,* pero aquí destilo las lecciones puestas en práctica.

¡Qué no he vivido en la búsqueda de mí misma y la felicidad! Debajo de toda esa incertidumbre existencial, había una constante que nunca me dejó y que al final fue la clave de un dulce regreso, era el mismo Dios personal olvidado, el que me habían mostrado en mi niñez, pero que por mucho tiempo rechacé por tenerle asociado a las ideas de castigo, culpa y crueldad.

Sin duda, no es lo mismo aprender sobre Dios que conocerle. Tres palabras cambiaron en un segundo lo que años de búsqueda y experimentación no pudieron lograr. Tal como el Cantar de los Cantares,[2] esas palabras fueron: «Muéstrame tu rostro».

2. Cantares 2, 14.

LA ESENCIA DEL SER HUMANO

Para reconocer nuestro verdadero ser, primero necesitamos comprender de dónde venimos. «Humano» significa ser nativo y hecho de la tierra (humus). Dice la tradición que somos la máxima creación de Dios, aunque viendo el deplorable estado del planeta y todo lo que la inconsciencia humana destruye día a día, es difícil visualizar que los seres humanos alguna vez hayamos sido creados como la cumbre en la escala de la creación, incluso más altos que los mismos ángeles según el cristianismo de Oriente.[3] Sin duda se nos ha olvidado nuestro origen, ya no recordamos quién nos creó y además hemos extraviado la llave de nuestro destino.

Para saber quiénes somos, primero necesitamos conocer a quien nos creó, porque dice el mismo Génesis que Dios nos hizo a su «imagen» y «semejanza». Esto quiere decir que ser humano también significa ser parecido a Dios, que somos parte de su esencia y semejantes en sus cualidades. Ser semejantes a él, implica que somos capaces de mostrar su reflejo en nosotros. Según esta verdad, en nuestra naturaleza vive el potencial de obtener parte de su divinidad, posibilidad que Dios mismo ha colocado en nuestro corazón, aunque para activarla, he encontrado que se necesita nuestra invitación y consentimiento.

¿QUÉ SOMOS EXACTAMENTE?

Por mucho tiempo fui fiel creyente de una filosofía que aseguraba que mi alma estaba atrapada dentro de un cuerpo del que tenía que escapar. Era una lucha eterna contra mí misma, esa misma creencia aseguraba que todo es una ilusión. El mundo no es un sueño, pero nuestras percepciones, en ocasiones, pueden ser producto de una ilusión, especialmente cuando no caminamos con el discernimiento de Dios.

El mundo material y el mundo espiritual fueron creados por Dios, y ambos son buenos. Dios es el Creador del cielo y la Tierra, de todo lo visible e invisible, entiéndase el cielo como todo lo invisible y espiritual

---

3. La Iglesia Católica tiene dos alas, la romana y la oriental.

y la Tierra como todo lo visible y material. Según el Génesis, Dios vio que todo, tanto lo material como lo espiritual, era «bueno» y de gran manera. La Creación no ocurrió en un momento, sino que es un proceso continuo del cual somos partícipes.

SI ÉRAMOS PERFECTOS, ¿QUÉ SUCEDIÓ DESPUÉS?

Somos parecidos a Dios porque fuimos creados a su imagen, para lograr que sus atributos y su semejanza crezcan en nosotros, el requisito es caminar de su mano, porque sólo Dios es nuestra fuente de vida. La indiferencia y el rechazo de nuestra naturaleza espiritual y precisamente la razón de nuestro estado actual de estrés, ansiedad y división, es lo que sucede cuando elegimos caminar hacia el lado contrario ignorando que los atributos de Dios son vida, amor, bondad y humildad. Nos alejamos, motivados y engañados por el orgullo, la idolatría, la ambición y el desamor. Los seres humanos no podemos perder su imagen, pero todos los días perdemos la semejanza cuando nos alejamos del amor.

CUERPO, ALMA Y ESPÍRITU

Tenemos un cuerpo, un alma y un espíritu; somos tres, pero también somos una unidad. No es un error, somos similares a la Trinidad, así nos hizo Dios. Además del cuerpo que Dios hizo de la tierra, tenemos un alma, que es donde también reside la razón, la cual nos hace distintos a todos los otros seres creados en la Tierra. Igualmente tenemos espíritu, ese suspiro que, según el Génesis, Dios sopló y que nos dio la vida.

Ciertamente, para que la mente y el cuerpo estén en armonía, nuestra alma primero debe estar llena y abierta al espíritu y el amor de Dios, de otro modo nuestro cuerpo contaminado con los deseos de la Tierra dominará la mente con sus apegos pasajeros y perjudicará el alma. Dios nos creó para tener dominio sobre la Tierra, que no es fuerza ni abuso de sus recursos, sino maestría para cultivarla y cuidarla, pero si nos alejamos de este propósito, la materia y sus circunstancias serán las que inevitablemente tendrán dominio sobre nosotros. Dominar la Tierra es fácil, tener dominio propio es lo difícil. Es de sabios no aferrarnos al cuerpo y a cada uno de sus exigentes deseos, porque algún día tendremos que dejar todo aquello que sólo nos da una seguridad temporal por las cosas eternas. No se trata de negar lo que sentimos, sino de dirigir el cuerpo en vez de obedecerlo. Un alma y un espíritu bendecidos por Dios son el primer paso para ser verdaderamente libres.

En una ocasión escuché esta bella lección de un querido abuna[4] que decía que igual que nuestro cuerpo por estar compuesto de agua necesita agua, de esa misma manera, nosotros por ser parte de Dios y también estar compuestos de espíritu, necesitamos abastecernos de su Espíritu.

Disfrutar de unas emociones, un intelecto y un cuerpo sano es el resultado de tener a Dios en nuestro corazón. La solución es llenarnos desde arriba; el problema está en que hacemos todo lo contrario, en vano tratamos de satisfacernos desde abajo. «Pongan toda su atención en el reino de Dios y en hacer el bien y todo lo demás les llegará por añadidura».[5]

EL FALSO YO. ¿CUÁL ES EL VERDADERO?

La mayoría de nosotros hemos olvidado quiénes somos y en su lugar hemos creado una identidad falsa que llamamos «yo». Este yo falso, moldeado por las opiniones de los demás, por nuestras sensaciones, la cultura, la educación terrenal y el deseo de ser aprobados, ha sustituido el verdadero ser y nos ha hecho olvidar nuestra fuente y lo que realmente somos. Gran parte de nuestra vida la pasamos alimentando, protegiendo y engordando ese ego. Éste es el yo que usualmente presentamos al mundo, mientras que el verdadero ser observa todo detrás de las ventanas entreabiertas de la vida.

Cuando el ser real vive escondido, no nos atrevemos a mostrarlo al mundo por miedo a recibir un gran rechazo. Es el conocido síndrome del impostor, cuando pensamos que si el mundo se enterara de quié-

---

4. Padre o sacerdote bizantino.
5. Mateo 6, 33.

nes somos realmente, estaría muy defraudado. Vivimos una especie de mascarada colectiva y la mayor parte de nuestra vida nos concentramos en encontrar nuevas formas para esconder nuestro ser verdadero y así asegurar la aprobación de los demás. Cambiamos nuestro atuendo como camaleones para ser aceptados, y a veces hasta recurrimos a endeudarnos para mostrar nuestro poder por medio de lo que ostentamos. El coche, la ropa, las personas que frecuentamos, cuánto tenemos y lo que hacemos, todo se convierte en parte de nuestra carta de presentación.

> Recordar quién eres es la clave de la libertad, mientras que la esclavitud nace de la ignorancia sobre ti mismo, porque, aunque te creyeras libre, lo que no sabes sobre ti es, precisamente, lo que te encadena.

Durante muchos años traté de vencer el sufrimiento y el apego mediante todo tipo de técnicas de control mental, y aunque algunas ayudan, encontré que no hay sustitución para la guía de Dios, que es un sistema integrado, pues en él vivimos y nos movemos como dijo Pablo.[6] Sobre el desapego, del cual tanto nos muestran las filosofías de Oriente, he encontrado que aparte de la voluntad propia, se necesita algo más: la gracia.

La paz, la fe, la esperanza y el amor llegan como consecuencia de la insistencia de buscar a Dios y esa gran confianza que recibimos al dejar nuestros asuntos en sus manos, porque nada da verdadera paz si no estamos dispuestos a entregar a Dios el objeto de nuestro apego. Por esa razón, aparte de los consejos que presento para la reflexión y la observación, siempre verán una oración y una invocación a Dios.

He aprendido que la voluntad propia sin la ayuda divina no logra un cambio real y duradero. No importa cuántas meditaciones y técnicas tratemos, si no se invita a Dios y su fuerza mayor, aunque veamos mejoría, no estaremos gozando de todas las bendiciones que él quiere

---

6. Hechos 17, 28.

darnos. Se nos olvida que nadie quiere vernos más felices que él mismo, quien nos creó.

Con Dios la vida es eterna, un solo segundo celestial lo pasamos en la Tierra, sin embargo, insistimos en perder nuestro tiempo corriendo tras lo perecedero.

El cuerpo es un equipo muy sofisticado del que poco conocemos, a veces pareciera un traje de astronauta con el que caminamos en esta Luna del destierro llamada Tierra.

Ese viajero espacial marcha propulsado por cientos de botones, los cuales no entendemos. Existen ocasiones en las que sin quererlo tocamos o nos tocan un botón equivocado del gran panel de instrumentos, causando una serie de reacciones indeseables. Dentro de nosotros pareciera que hay varios que hablan, unos que escuchan y otros que reaccionan.

¿CÓMO RECONOCERNOS?

Nos reconocemos dirigiendo la mirada hacia quien nos dio su imagen original. Para conocernos, primero necesitamos poder reconocer nuestra esencia: la ciencia del verdadero ser. Nos reencontramos al tener un encuentro con quien nos creó.

Al pedirle a Dios, él mismo nos guiará por medio de su propio Ser unido al nuestro; escucharemos su susurro siempre y cuando lo permitamos, porque, aunque está dentro de nosotros, su comunicación a menudo se encuentra interrumpida por miles de interferencias, que son los deseos, rencores y miedos que viven en la atmósfera de este mundo, que, aunque hermoso, es sólo un pobre reflejo del verdadero. La solución es re-conocernos, conocernos de nuevo al observarnos con la ayuda de Dios.

Sin saberlo, nuestro horizonte está empañado o iluminado por esas voces que nos hablan como un eco que nace del subconsciente, muchas de ellas son opiniones emitidas desde nuestra programación personal. El problema surge porque la voz del pensamiento habla muy alto, pero a la vez es muy silenciosa y escapa a la detección de nuestros sentidos de censura.

«Como es tu pensamiento será tu corazón».[7]

Todos preguntamos: ¿cómo saber cuál es la voz verdadera? La respuesta es otra pregunta: ¿cómo te hablaría una madre que te ama con todo su corazón?

> **Mi Dios, intercede en este pensamiento que no me hace sentir bien y muéstrame la verdad de esta situación, quiero verla a través de tus ojos.**

No todos los pensamientos son ciertos, porque, aunque están diseñados para guiarnos, algunos se basan en información cuestionable. La mayor parte nace de un instinto de supervivencia del cerebro. Sin embargo, otras veces, la voz, acertadamente te invita a mirar más de cerca alguna causa interior que necesita tu atención. El verdadero discernimiento sucede cuando tomamos prestados los ojos de Dios para ver la verdad de cada situación.

Ante cualquier pensamiento, cualquier acción, cualquier conversación, es sabio preguntar a Dios:

¿Es cierto esto que me estoy diciendo?

¿Estoy enjuiciando?

¿Puedo ver esto de otra manera?

¿Puedo dejarlo ir?

¿Tiene remedio?

¿Cuál es tu voluntad?

¿Qué haría Jesús con este pensamiento?

¿Me acerca este pensamiento a ti o me aleja de tu Ser y de mi paz?

---

7. Proverbios 23, 7.

Prometo reconocer mi verdadero ser y no olvidar que este pensamiento que habla en voz alta dentro de mi mente no siempre es la voz verdadera y necesito aprender a discernirla.

Obtener maestría sobre la mente no significa que dejemos de pensar, sino que utilicemos la mente para observar y percibir sin dejar de cuestionar, al tiempo que invitamos a Dios para llenarla de su presencia.

Un pensamiento negativo y uno sobre Dios no pueden compartir el mismo espacio. Dios siempre ganará esta batalla.

Prometo estar alerta y preguntar dónde está descansando mi pensamiento.

LA LUPA MENTAL: CAUSA DE TODO MAL

No es el hecho en sí lo que define la intensidad de un pensamiento, sino la atención, la interpretación y lo que nos decimos a nosotros mismos sobre lo ocurrido lo que causa sufrimiento. La atención es como una lupa que hace que un pensamiento aumente su dimensión, para luego atarse por medio de una cadena a una emoción creada por un significado que limita su verdadera percepción, usualmente desproporcionado en relación a la realidad. Esta cadena nos ata al pensamiento que nos envenena por medio de la emoción. Vemos sólo lo que la atención elige por medio de lo que colocamos en la lente de aumento. Un ejemplo sencillo es el ruido de un aire acondicionado, puede haber dos personas en una misma habitación, pero sólo a una le molesta y hasta puede encolerizarse, mientras que a la otra no le incomoda porque eligió no prestar atención.

Para tener paz se necesita pensar menos en las preocupaciones diarias y más en Dios y su gracia. Para poder ver sus soluciones, se necesita la valentía de confiar y permitir que tu mente esté llena de él, no de miedos, problemas y juicios.

De lo que esté llena tu mente, estará llena tu vida; mejor que sea de sus bendiciones. La desesperación y la fe tampoco pueden convivir.

No puedes solucionar un problema con los mismos pensamientos que lo crearon, como tampoco puedes hacer una nueva hoguera con las cenizas del pasado. La mayoría de nuestras angustias llegan a través de la voz de la mente. El pensamiento más dañino es el que no se escucha, pero que habitualmente se hace sentir por medio de un malestar indefinido.

SENTIR ES DE HUMANOS

La emoción, cuando es saludable, es una bendición; la raíz de la palabra «emoción», del latín *emotio,* significa «movimiento». La mayoría de las veces, una emoción o nos mueve o nos invita a una acción, otras veces lleva al cuerpo a crear las condiciones necesarias para sobrevivir por medio de procesos químicos. La claridad mental va a definir si la acción producirá una reacción automática o una respuesta consciente y responsable.

Las emociones más conocidas son la ira y el miedo, por eso muchos consideran la emoción como algo negativo, pero no debería ser así necesariamente, porque además de la tristeza, la ira y el miedo, existe también la sorpresa, la ternura y la alegría, que son emociones que se consideran positivas. Por otro lado, es importante recordar que ninguna emoción es permanente, y una emoción que parezca positiva, pero sin discernirla, nos puede llevar a tomar decisiones equivocadas, por ejemplo, al hacer una compra equivocada porque la emoción nos cegó.

MIEDO. ¿CÓMO SALIR DE DUDAS?

La duda sobre alguna elección que vayas a tomar puede ser hija del miedo, pero también puede ser amiga del discernimiento. El camino correcto trae paz, pero una inquietud persistente deberá escucharse, ya que puede ser una señal de alerta que nos avisa de que nos estamos equivocando; otras veces la cautela puede ayudarte a reaccionar a tiempo antes de cometer un error. Puedes disipar la duda alejándote emocionalmente de la situación y tomándote un tiempo para orar antes de actuar.

La duda te dice que necesitas orar para que se te muestre más información y puedas confirmar si lo que habla en tu interior es realmente la voz de Dios. La conciencia iluminada por el discernimiento es esa voz del alma que te avisa cuando te has alejado de tus propios valores y del camino del alma, que son el eco de la voluntad de Dios. El discernimiento te recuerda quién eres verdaderamente. La integridad significa ser tú mismo, sin divisiones.

Estar despierto es darte cuenta y tener la conciencia de elegir desde la luz de nuestro Dios, en vez de reaccionar desde la oscuridad de nuestros deseos y sentidos limitados.

CÓMO RECOBRAR LA CORDURA

La ira es un estallido de locura a pequeña escala; fuera de control es muy peligrosa y puede hacerte un daño irreversible, tanto emocional como físico. Mejor esperar a que pase la tempestad emocional antes de actuar. Otras veces, la ira es la coraza que cubre el verdadero sentimiento que se esconde en nuestro ser y que realmente evadimos. Dicen que la ira es una tristeza que no se ha reconocido. La mayoría de nosotros evitamos por todos los medios sentir la tristeza que está escondida en nuestro interior. No es nada extraño ver cómo la ira puede calmarse con un buen llanto, cuando por medio de las lágrimas limpiamos la superficie para poder ver y atender realmente el sentimiento que la provoca. Es importante asumir este compromiso con uno mismo.

> **Cuando yo sienta que una emoción sube como la espuma, prometo reconocer mi verdadero ser, recordando que la emoción es un llamado de mi alma, el aviso que desenmascara alguna situación interior que está escondida a mis ojos, y es una oportunidad para verla y entenderla o para ignorarla y obviarla, dependiendo de su naturaleza.**

Reconocer tu verdadero ser, no es esconder lo que sientes. Es necesario aceptar que a veces se siente tristeza, esto no quiere decir que no caminas con Dios. Estar firme en el camino no evitará que en este plano experimentes sensaciones; si hace calor, sentirás calor. A veces aceptar es tan simple como decir la verdad y reconocer lo que sentimos. Es clave tener la capacidad y la apertura mental para sentir nuestras emociones y luego expresarlas de manera saludable, lo cual es la manera de comenzar a descubrir aquello que nos incomoda para luego sentirlo, entregarlo y sanarlo. La mayoría de las personas esconden sus verdaderos sentimientos porque se juzgan a sí mismas por lo que sienten, se culpan porque piensan que hay algo malo en ellas.

Otros no quieren aceptar lo que sienten por creerlo una debilidad de su personalidad. Niegan y esconden su verdadero ser a fin de evitar una confrontación, lo que es peor, porque una emoción es como una contracorriente de aire en un fuego sin escape, cuando ya ha absorbido demasiado oxígeno, puede estallar de la peor manera, sea enfermándonos físicamente o desgastándonos mentalmente.

En vez de sentir y expresar nuestros sentimientos saludablemente, a menudo hacemos lo opuesto, buscamos todas las distracciones posibles para ignorarlos. Cuando comienza la incomodidad, en vez de detenernos, identificarla y sentirla, la evadimos: nos comemos un helado, nos vamos de compras, navegamos en Internet, vemos una telenovela. En otros casos se recurre a extremos, como exceso de trabajo, al alcohol, al juego, las drogas o la pornografía.

Prometo reconocer mi verdadero ser. Antes de elegir me retiraré de la situación, respiraré profundo, caminaré un poco, oraré y recitaré un padrenuestro.

No podemos elegir lo que sentimos, pero siempre podemos elegir cómo actuaremos.

Es necesario discernir e identificar lo que sentimos, pero no es siempre pertinente expresarlo en cualquier lugar. Existen foros seguros para poner a prueba eso que sentimos, pero dicho fuera de contexto puede dañar más que sanar.

Existen situaciones en las que nuestros dilemas deben ser resueltos privada e interiormente. En estos casos, la confesión, la guía espiritual y la terapia psicológica deben ser consideradas sin ninguna vergüenza de que otros piensen que algo puede andar mal con nosotros. A veces se nos hace muy difícil manejar un sentimiento desagradable. Aquí no me refiero a una tristeza y una angustia profunda y recurrente, en cuyo caso necesitaría, sin duda, atención profesional, sino que hablo de la tristeza ocasional que a veces sentimos y que puede manifestarse sin previo aviso.

Para tener unas emociones sanas también se necesita un cuerpo sano. Es necesario recordar que somos más que mente y emociones, y tenemos un cuerpo que puede afectar lo que sentimos; junto a cualquier ejercicio de autoobservación, siempre invito a considerar un desbalance hormonal o mineral. La falta de vitaminas D o B, una tiroides o azúcar sin controlar, pueden afectar las emociones y explicar por qué ya no «eres tú mismo».

Estar cerca de Dios no evitará que en ocasiones sintamos desesperanza, pero estar cerca de él nos dará la fuerza para no rendirnos. No estamos solos, si lees los salmos de David, los escritos de la madre Teresa de Calcuta o de Job, te darás cuenta de que mientras más grande es la fe, a veces, más grande es el reto.

AMOR PROPIO DISFRAZADO DE EGO

Mucho se habla del amor a sí mismo. Somos personas únicas con nuestra propia identidad, pero cuando el amor propio se esconde detrás del egoísmo, ya no es amor sino narcisismo. Nacimos para trabajar juntos, nacimos para colaborar con Dios en su obra.

En la naturaleza no hay orgullo. ¿Cuándo has visto una rosa compitiendo con otra o una hormiga protestando por exceso de trabajo? ¡Nunca! Realmente no hay necesidad de competir o acaparar.

SI DIOS ES PERFECTO, ¿POR QUÉ EL MUNDO QUE CREÓ NO LO ES?

Según la historia del Génesis, al principio de la Creación, Adán –del griego antiguo *Adám*, que significa «de la tierra»– y Eva –del hebreo *Hava* «suspiro de vida»– vivían en una condición incorruptible y gozaban de un estado de gracia. En ese mundo primigenio no teníamos que vestirnos ni matar para comer, no existía la muerte ni la enfermedad y vivíamos sin hambre ni dolor.

Las historias de nuestro origen narran cómo en el Edén todo era perfecto, nada y todo nos pertenecía, caminábamos desnudos y la desnudez no nos causaba vergüenza. En otras palabras, antes de nuestra presente evolución hubo un momento en que los humanos no éramos conscientes de nosotros mismos. Quizás sucedió que al convertirnos en humanos, caímos de la gracia de la unidad de la naturaleza que no sabe dónde empieza y dónde termina el todo. De donde todo era bueno, nos convertimos en este ser dividido y separado por el conocimiento del bien y del mal, que en el Paraíso comenzó a esconderse de Dios; ahí nació la vergüenza. Al necesitar de afuera nos olvidamos que ya todo lo teníamos. Realmente el cristianismo y la mayoría de las religiones buscan cómo reintegrarse al Paraíso, que al final es volver a ser uno con Dios; ser «salvo», que en latín significa «entero» o «íntegro». Los niños, curiosamente, están más cerca de esta unidad.

En esta Tierra, el ego desproporcionado se sana reconociendo que, aunque tengas más o tengas menos que otros, da exactamente igual, porque al otro lado del velo de la muerte nada nos podemos llevar. El orgullo es el principal causante de la avaricia y la inconsciencia, que a su vez provocan sufrimiento y separación entre unos y otros cuando nos aferramos a las cosas materiales de este mundo.

Acaparamos todo lo que podemos pensando que nuestro valor y poder vienen de lo que poseemos. Algunos logran atesorar mucho y actúan como si fueran reyes y monarcas; mas otros, al no lograr lo mismo, piensan equivocadamente que son sus peones y sirvientes. No saben que sólo somos piezas provisionales en el tablero.

Aquí demasiadas veces se nos olvida que, al final del juego, nadie se lleva ni los logros ni los tesoros. Jugamos al ajedrez en el tablero de la Tierra, algunos ganamos y otros perdemos, pero tal como dice un conocido proverbio: «En el ajedrez algunos son peones y otros son reyes, pero al finalizar la partida, todos terminan en la misma caja».

Nuestra alma no tiene precio y nuestros tesoros verdaderos están en otras tierras, repartidos en partes iguales por un Dios lleno de verdadera abundancia, que opaca cualquier tesoro de este planeta y cuya llave se encuentra escondida en nuestro propio corazón.

> **Prometo reconocer mi verdadero Ser. Encontrarme a mí mismo no es convertirme en un ser egoísta. No es ser mejor que otros, sino la mejor expresión de mí mismo y orar a quien me creó. Mi Dios, quiero reconocerte, muéstrame cuál es el verdadero reflejo de tu imagen en mí.**

Es posible conocernos, pero no es posible hacerlo por nosotros mismos. Sin Dios no puedo conocerme, porque sólo Dios puede conocer mi corazón.

«Oh Dios, examíname, reconoce mi corazón; ponme a prueba y reconoce mis pensamientos; mira si voy por mal camino, y guíame en el camino eterno».[8]

---

8. Salmos 139, 23.

Tu verdadero yo es como una chispa divina de Dios, que muchas veces está olvidada detrás de un antifaz. Hay días, hay mañanas y hay noches, luego, todo pasa como la niebla que se levanta. Las oscilaciones de la mente y las emociones son normales; vivimos en un mundo caprichoso donde nada es seguro, sólo Dios. La mente, las emociones y los sentimientos internos, son variables. El antídoto de los vaivenes de los sentimientos es el compromiso, mejor conocido como la obediencia al plan del alma. Habrá días que no querrás ir a la oficina, eso no significa que debas dejar tu trabajo. Habrá otros que no querrás hablarle a tu hijo por una mala conducta, pero eso no significa que te irás de su vida. Nunca debemos olvidar que el velo de la ignorancia es el encanto que nos hace olvidar que todos somos una familia, y que al mismo tiempo somos parte de Dios.

Para reconocer nuestro verdadero ser, primero necesitamos conocerlo a él.

Ser más humano significa ser más parecido a Dios y a las cualidades que él mismo nos ha infundido. Una manera de reconocer el camino de regreso hacia nuestro verdadero Ser es imitar la imagen perfecta suya, como, por ejemplo, por medio de Jesús.

PRÁCTICA PERSONAL

A veces nos miramos en el espejo y lo que vemos es una imagen empañada de la perfección. Queremos convertirnos en ese ser original y auténtico que Dios creó de la nada, pero encontramos una dificultad, porque al final, no podemos hacerlo solos.

Cierra los ojos, respira profundo unas cinco veces. Imagina que miras un espejo, pero en lugar de ver tu rostro, ves el rostro de Jesús. No te preocupes si no puedes imaginarlo, con imaginar su presencia basta. Imagina su mirada y por un segundo recuerda cuánto te ama.

Para aclarar nuestra imagen, mirémonos en el rostro de Jesús, su mirada nos recordará quiénes somos y su aliento quitará cada mancha, hasta que podamos ver su rostro reflejado en nuestro propio espejo. Jesús mismo es el ejemplo viviente de cómo vivió Dios en la Tierra. Nos mostró la compasión, el amor ágape donde no se busca reciprocidad; la ternura, la fuerza interna, el amor al Padre; que no juzga, ni castiga. La forma de pedirle que nos ayude a reconocer nuestro verdadero rostro es con estas palabras: *Jesús, muéstrame tu rostro;* de esta forma, sin duda, recordarás a tu verdadero ser.

Jesús «es la imagen visible de Dios, que es invisible».[9]

Prometo recordar quién soy y no olvidar que, aunque vivo en este mundo, no soy de este mundo; saberlo me liberará para poder recordar mi espíritu, para vivir sin ser absorbido por las sensaciones tambaleantes de este mundo. Mi Dios, prometo reconocer a mi verdadero ser y recordar que todo lo que no eres tú, tampoco quiero serlo yo.

---

9. Colosenses 1, 15.

CAPÍTULO

Prometo *recordar* que en este mundo todo es temporal

«No fijar nuestra vista en las cosas que se ven, sino en las que no se ven; porque las cosas que se ven son pasajeras, pero las que no se ven son eternas».[1]

Nuestra naturaleza tiene su orden, no hay duda de que nuestro mundo es hermoso, pero tampoco se puede negar que tiene sus peculiaridades y una de ellas es que a pesar de su grandiosidad y además de perecedero, es un mundo imperfecto. Si bien es importante reconocernos, igualmente lo es reconocer la naturaleza del mundo en que vivimos.

CUENTOS DE LA NATURALEZA

Cuenta la fábula que hubo una vez un escorpión que deseaba cruzar el río y en la orilla se encontró con una tortuga. De inmediato, el escorpión trató de convencerla para que le ayudará a llegar a la otra orilla encima de su caparazón, pero ella le respondió:

—Ni lo pienses. Te conozco, si te dejo subir a mi espalda me picarás con tu veneno mortal. ¿Quién me asegura que no lo harás?

El escorpión le contestó con mucho sentimiento:

---

1. Corintios 4, 18.

—¿Cómo voy a matar a quien me da la mano y me ayuda? Eso no tiene sentido.[2]

Al final la tortuga cedió y lo dejó subir a su espalda.

A mitad de camino, el escorpión sacó su ponzoña y, pum, la picó.

Muy sorprendida, triste y conmovida, sabiendo que moriría, la tortuga le dijo:

—¿Por qué me has engañado, si sólo te estaba ayudando?

El escorpión entonces le contestó:

—Lo siento, no es mi culpa, es mi naturaleza.

Lo triste del caso es que ambos murieron antes de llegar a su destino.[3]

Vivimos en un mundo que se rige por un orden de leyes inmutables de tiempo, materia y espacio; aquí todo es perecedero, sólo Dios es eterno. Esto no quiere decir que no podamos mejorarlo. En las historias de la Creación, Dios nos regaló el dominio sobre ella, para trabajarla por medio de nuestra sinergia con Dios, pero hacerlo sin su mano explica por qué este mundo no es perfecto.

No todo está perdido, sabemos que tenemos la capacidad de regresar a esa perfección siendo copartícipes junto a Dios de nuestra existencia, lo que sin duda nos traerá armonía, paz y vida eterna. Nuestro planeta tiene sus propias leyes y sus propias reglas, y aunque Dios tiene todo el poder para alterarlas, por lo regular no lo hace. Dios no crea el caos, pero siempre utiliza hasta nuestros propios errores para mostrarnos el bien. Una crisis a veces sirve para mostrarnos el camino de regreso.

La crisis es pasajera, pero nuestra vida con Dios es eterna. Un gran error es pensar que Dios nos castiga y nos envía pruebas horribles. No hay castigo de Dios contra nosotros, sino que somos parte de un mundo donde todo trabaja por medio de la interconexión y a la vez está afectado por leyes físicas y espirituales. Necesitamos aceptar que vivimos en un mundo que está sujeto a la ley de la impermanencia y al error de pensamiento.

---

2. Corintios 4, 18
3. Versión de un cuento tradicional.

LLENO DE MILAGROS

Existen personas que sólo ven el mal y se olvidan de que la presencia de Dios se desborda a través de todo su universo. La naturaleza es un lenguaje por el cual podemos aprender incontables lecciones sobre la obra de Dios.

Tengo la suerte de vivir en un lugar donde veo cada día el atardecer, un gran maestro del tiempo. Instantes antes, trato de dejar lo que estoy haciendo para honrar ese momento, porque mientras veo la caída del Sol, reflexiono y doy gracias por un día que nunca regresará, y otro día que está más cercano a la partida, pues nuestros atardeceres están contados. El Sol, en ese preciso momento, es el broche de oro de Dios. El amanecer, en cambio, habla del nacimiento y de las posibilidades de un nuevo día.

Mientras que un lago en calma nos habla de la paz, las flores nos transmiten alegría y las semillas son las posibilidades escondidas en nuestro interior. Dios nos habla constantemente a través de su creación.

TEMPORAL: LO QUE ES DEL TIEMPO

La mayoría de nuestro sufrimiento nace por la angustia de no aceptar la naturaleza pasajera de nuestro mundo, por lo tanto, uno de los grandes secretos de la paz es la comprensión de los límites del tiempo y la aceptación de lo poco que estará en nuestras manos, pues pertenece a este mundo.

> Vivimos en un mundo temporal, pero actuando como si fuera eterno, tratando por todos los medios de obtener satisfacción eterna a través de sus frutos perecederos.

El término «temporal» describe perfectamente todo lo que está destinado a finalizar. Antes de la Creación no existía el tiempo porque

Dios no está regido por el pasar de las horas ni los minutos, pero el tiempo existe gracias a él. Su creación es temporal, pero la naturaleza de su Ser, la que da vida a todo, es eterna. La buena noticia es que todos estamos invitados a participar de su eternidad y de su divinidad.

La parte física de los seres humanos está regida por las leyes del tiempo. El tiempo nos organiza cronológicamente, de otra manera no habría sucesión de acontecimientos. Como decía san Agustín de Hipona: «Si nada pasa no habría tiempo pasado y si nada ocurriese no hubiera tiempo futuro».[4]

Siempre me preguntaba por qué la liturgia incluye el rezo: «Señor, acuérdate de mí», y es que existimos porque Dios nos recuerda desde su eternidad. El salmo 106 dice: «Acuérdate de mí, cuando hagas bien a tu pueblo; tenme presente...», y no olvidemos esta bella súplica del ladrón que fue premiada con el mismo cielo: «Jesús, acuérdate de mí cuando estés en tu reino».[5]

Juntos seguimos fielmente los pasos arbitrarios del tiempo, en la Tierra todos los relojes del mundo se sincronizan para caminar a su compás. De esta manera sabemos qué pasó antes y qué pasó después. Dios tiene una hora por la cual se rigen las pulsaciones de todo lo que se mueve y existe. Nuestro cerebro tiene la capacidad cronológica de saber el orden de los acontecimientos. Tal como las estaciones del año con sus características y duración, el universo y los seres humanos nos regimos por ese tiempo sagrado, que son los latidos del corazón de Dios.

La armonía llega cuando sincronizamos nuestro corazón con su tiempo, que es cuando buscamos su voluntad en vez de la nuestra; de otra manera siempre caminamos a destiempo, ansiando que pase un momento para llegar al otro.

---

4. *Obras completas de san Agustín de Hipona*, tomo 2, «Confesiones», Trad. Ángel Custodio Vega Rodríguez, libro XI, capítulo XVI, «¿Qué es el tiempo?». Página accedida 29 de abril de 2024, www.augustinus.it/spagnolo/confessioni/ conf_11_libro.htm

5. Lucas 23, 42.

TODO TIENE SU ORDEN

Existe una naturaleza divina y una material; estamos hechos de una materia prima que es compartida con todo el universo. El hierro minúsculo de tu sangre algún día fue o será parte de una gran estrella. ¿Quién puede replicar una inteligencia de este calibre? Sólo nos toca bajar la cabeza con humildad y reverencia, abrir los brazos y rendirnos ante tan maravilloso plan. Si miramos de cerca, la espiritualidad no está en contra de la ciencia.

CAPÍTULOS DEL ALMA

Todo tiene su tiempo. La vida tiene su ritmo, a veces aspira, a veces expira, otras veces inspira; así observarás que algunos años son para reflexionar mientras que otros son para volar, de nada vale resistirse a este plan. En algunos capítulos de vida tienes la creatividad de la primavera para comenzar algo nuevo; otros parecieran momentos para construir porque son los años productivos, mas algunos parecen otoño y llegan para recoger la cosecha. En mi libro *Los ciclos del alma,* hablo más sobre estos capítulos de vida. Unos años son para descansar, resultan ser esos inviernos cuando sólo quieres recogimiento espiritual; son los domingos del alma, cuando quizás tienes tiempo para pensar, recobrar tu salud y alimentarte espiritualmente.

Nunca faltan aquellos años para finalizar y dejar el lienzo en blanco para comenzar de nuevo, imitando el gran orden de este bello universo. El problema no es el mundo y su orden, sino nuestra resistencia y falta de paciencia; cuando estamos en calma, pensamos que nos falta acción; cuando hay demasiada acción, añoramos la calma, y así se nos va la vida en una eterna reclamación a Dios.

Como dicen las palabras del Eclesiastés,[6] hay un tiempo señalado para todo y hay un tiempo para cada suceso bajo el cielo.

Hay un…

Tiempo de nacer y tiempo de morir

---

6. Eclesiastés 3, 1-15.

Tiempo de plantar y tiempo de cosechar

Tiempo de construir y tiempo de destruir

Tiempo de llorar y tiempo de reír

Tiempo de estar de luto y tiempo de estar de fiesta

Tiempo de intentar y tiempo de desistir

Tiempo de abrazarse y tiempo de separarse

Tiempo de guardar y tiempo de desechar

Tiempo de callar y tiempo de hablar

Tiempo de amar y tiempo de odiar

Tiempo de guerra y tiempo de paz

¿Qué ganamos con afanarnos tanto? Dios ha hecho todo de acuerdo a su tiempo. También ha puesto la eternidad en nuestros corazones, sin embargo, no acabamos de descubrir la obra que Dios nos ha regalado.

Sé que todo lo que Dios hace será para siempre; no hay nada que añadirle y no hay nada que quitarle. Dios ha obrado así. Lo que es, ya ha sido, y lo que será, ya fue.

Prometo aceptar que este mundo es temporal; retomo mi paz cuando recuerdo que no necesito afanarme, que lo que vendrá llegará y lo que tendrá que irse se irá; descanso en el mismo Creador al recordar que el gran reloj de este universo está en sus manos.

LA MUERTE, CUANDO EL TIEMPO HA TERMINADO

Nada de lo que aquí escriba puede evitar la tristeza que se siente cuando un ser querido parte antes que nosotros. La tristeza es un sentimiento inevitable y natural, pero para todo aquel que crea en Dios, el sufrimiento puede mitigarse o al menos no tiene por qué prolongarse. Tenemos paz cuando comprendemos por medio de la fe que lo que llamamos «muerte» es verdaderamente un renacimiento, un regreso al hogar y la consecución de una misión que ha llegado a su término.

Sentir un dolor profundo es natural, es parte del duelo, proceso que tenemos que pasar para sanarnos. Lo que no resulta natural ni beneficioso para el alma de quien ha partido, ni para la nuestra, es aferrarnos al ser que ya se fue, porque sería la negación de un orden. Sufrir indefinidamente es resistirse a la muerte y no aceptarla como parte de la vida.

La intensidad del sufrimiento no logrará cambiar la realidad de la partida. No podemos morir con la persona que se ha ido, ni tampoco sufrir indefinidamente apegados a lo vivido antes de su partida; para algunos, esto puede convertirse en una puerta de escape para no enfrentar su propia vida y evitar vivir una nueva realidad.

Cada final es una nueva oportunidad para comenzar de nuevo. Es importante recordar a quien partió con amor, como a un viajero que se ha ido a un país no muy lejano y con el que sin duda volveremos a reencontrarnos.

Resistirse a la muerte es como si un pez quisiera resistirse al mar, o las aves al viento. El problema no es la muerte, sino nuestra negación a ella; tenemos hasta miedo de mencionarla. Tenemos temor debido a nuestra falta de certeza de lo que encontraremos en la otra vida. Para llegar a reconciliarnos con el concepto de la muerte, primeramente, debemos hacer la paz con Dios y con la eternidad, interiorizar que es completamente natural dejar este plano en cualquier momento y bajo cualquier circunstancia, incluyendo los llamados «accidentes».

Cada cual tiene su día y su momento; esto es igualmente parte de lo que no se puede cambiar. La muerte no se puede forzar, no se puede predecir, no se puede revertir, tampoco se debe provocar por medio de acciones irresponsables, pues sería una violación de las leyes y el orden. No hay nada que podamos hacer para evitarla cuando llega el momento, entonces, ¿por qué angustiarnos?

TRES SEMILLAS DE CALABAZA

Una historia cuenta sobre una mujer que había perdido a su único hijo, no había podido aceptarlo y decidió llevar su cadáver a un asceta sabio, para que le devolviera la vida. Él asintió con la cabeza, pero con una sola condición: la madre tenía que llevarle tres semillas de calabaza de una casa cuyos residentes no hubieran tenido muertes en su familia. La desconsolada mujer tocó las puertas de cientos de casas, pero regresó con las manos vacías, pues encontró que no existía ni una sola familia que no hubiera experimentado la muerte de alguno de sus familiares.

Este descubrimiento devolvió la paz inmediatamente a la señora, al confirmar que no era la única que había perdido a un ser querido, pues todos en algún momento habían pasado por la misma experiencia.[7]

Cuando te toque vivir una pérdida, mira a tu alrededor, agradece por el tiempo que estuviste en la Tierra con el ser que se fue y no des la espalda a quienes todavía están a tu lado. El que teme a la muerte, igual le teme a la vida. Necesitamos saber morir para poder vivir. Perder el miedo a la muerte ocurre cuando se vive en la certeza de que la eternidad nos pertenece, esto se logra por medio de una profunda fe, que es a su vez la consecuencia de nuestra conexión consciente con Dios.

La solución es prevenir, y no me refiero a la muerte, sino a la angustia por el miedo a la muerte, y por la falta de fe. La muerte no se puede evitar; la muerte no se vence dejando de vivir, al contrario, no vivir la vida es morir en ella. No se puede evitar lo inevitable, la respuesta es dar prioridad al trabajo espiritual diario en nuestras vidas, para crear la fortaleza espiritual necesaria para enfrentar cualquier pérdida terrenal, gracias a nuestra comunión con Dios. En el plano terrenal, la muerte es parte de nuestra experiencia natural e inevitable y nos incluye a todos, desde las células hasta las galaxias.

De un momento a otro todo puede cambiar. Debemos estar preparados, no esperar lo peor, ni vivir temiendo y pensando en la muerte constantemente, eso es obsesión y no te dejará disfrutar de la vida; todo lo contrario, debemos estar alerta y actuar con reverencia en el presente.

Que no quede nada por hacer o por decir. Vivir en conciencia, en amor y en perdón, sabiendo que existe un Dios que te protege; ésta es la clave de vivir en paz y sin miedo a la muerte, pues siempre estaremos listos y prevenidos cuando nos llegue o les llegue a nuestros seres queridos el momento de graduarse de la universidad terrenal.

Todos lloramos una pérdida, pero aquel que cree en la vida eterna llora lágrimas de paz. La solución es la preparación espiritual, aprender sobre ese lugar a donde vamos y acerca de aquél con quien vamos.

---

7. Cuento tradicional.

La muerte es como un sueño del que despertaremos en los brazos de Jesús y de la eternidad.

El cielo es un lugar incomprendido por nuestra lógica, pero añorado por nuestro espíritu, es el hogar al cual regresaremos, un lugar o estado de conciencia donde volveremos a encontrarnos con nuestros seres queridos y donde seremos abrazados por la paz y el amor de Dios, sin las interrupciones de los apegos de este mundo. Lo más triste no es la muerte, sino que llegue el momento de partir sin tener fe, sin haber perdonado o soltado los asuntos de la materia. Muchas personas no creen y prefieren no pensar en que la vida se termina, pero les aseguro que lo más importante es hacer las paces con Dios y al menos tener una apertura sobre un futuro en el cielo.

¿Qué es el cielo? Cada persona que lo ha vislumbrado lo describe según su creencia. Vamos a creer entonces en un cielo maravilloso.

No es necesario esperar llegar al cielo para comunicarnos con los seres queridos que han partido, podemos hacerlo por medio de nuestras oraciones o en silencio. Aunque no vemos al que ha partido, su alma puede escucharnos.

Prometo aceptar que la vida terrenal es un estado provisional y transitorio del que nadie puede salvarse por sí mismo. La única manera de vencer la muerte es abrazando cada segundo de la vida y sembrando para cada latido de la eternidad.

«Tengan paz en su unión conmigo. En el mundo tendrán sufrimientos, pero tengan valor; yo he vencido al mundo».[8]

8. Juan 16, 33.

CÓMO RENACER, LECCIONES DEL TIEMPO

Cuando llega el primer asomo de la primavera, ese minúsculo retoño verde es un aviso para toda la naturaleza de que es tiempo de despertar del ensueño. Recuerda, en el invierno no hay muerte ni final, todo duerme y se despierta con el cambio de estación y, junto a Dios, luego se transforma. En la primavera lo que estuvo congelado durante la época invernal regresa a la vida, renovado. Antes de dar la bienvenida a los nuevos capullos, las antiguas flores dejaron atrás sus viejos pétalos. No puede haber retoño sobre viejas hojas que todavía no se han dejado caer.

Cada primavera es limpieza y renacer. Está en tus manos florecer con la primavera o morir congelado durante el invierno. Observa, ora, pide guía, suelta y elige una vez más regresar a los brazos del Creador en un nuevo tiempo.

> Bajo el viñedo cubierto por la nieve del ahora, se encuentra la copa de vino del mañana. Todo tiene su ciclo. No porque no puedas ver tu sueño realizado hoy significa que no será posible en el mañana.

Escribí estas líneas inspirada por los viñedos cuando vivía en las afueras de la ciudad de Nueva York, y mientras los admiraba tan dignos soportando el frío, pensaba en los ciclos de la muerte, la vida y del renacer de las estaciones. En ese momento, sólo podía observar unas filas llenas de pequeñas ramas cubiertas de nieve, pero sujetas por unas sogas que vibraban bajo un viento frío que soplaba sin piedad. Nuestras oraciones son las mismas sogas que nos sujetan y los mismos brazos de Dios que no permiten que nos desplomemos cuando no vemos una salida. Sin embargo, en ese frío ya estaban las uvas del mañana. Ésas son la verdadera fe y la esperanza: La certeza de que tras el invierno más duro siempre volverá la primavera.

Debemos aprender de estos hermosos viñedos valientes, en paz, porque si pudieran hablar nos dirían que viven en la plenitud que nace de la certeza de saber que no importa cómo luce el día hoy, saben que el regreso de la primavera es inevitable.

> No hay invierno que pueda resistirse a la primera brisa de la primavera.

A veces equivocadamente observamos la vida de las demás personas para tener una referencia de cómo debería lucir la nuestra. Nunca es buena opción compararnos, en la vida hay tiempo para lamentar, pero también para celebrar. Es como si comparáramos los dos hemisferios de la Tierra, mientras el uno está en verano, el otro está en invierno, inexorablemente.

La vida tiene dos caras, pero Dios sólo tiene una. No se trata de quedarnos perdidos en la tristeza o la mediocridad, lo importante es ir hacia Dios con ambos estados de ánimo y recordar que éstos también pasarán. Para tener plenitud, que es estar en paz con risas y lágrimas, es necesario refugiarse en Dios con nuestros dilemas; muchos pueden hacerte reír, pero sólo Dios puede colocar una sonrisa permanente en tu alma. Como dice Filipenses: «Y la paz de Dios, que sobrepasa todo entendimiento, guardará vuestros corazones y vuestros pensamientos».[9]

La trascendencia es recordar que muchos pueden darte un lugar para dormir, pero sólo Dios puede darte un hogar seguro y eterno; muchos pueden darte pan, pero sólo Dios puede alimentar tu alma; muchos pueden darte tranquilidad, pero sólo Dios puede darte paz en el alma; muchos pueden sanar el cuerpo, pero sólo Dios puede darte vida eterna. Todo lo demás es temporal.

COMPRENDER NUESTRA NATURALEZA

Con los años he aprendido a aceptar que existen algunas condiciones del planeta que no podemos cambiar. Vivimos en un mundo imperfec-

---

9. Filipenses 4, 7.

to con fluctuaciones que están fuera de nuestro control; existen cambios climatológicos, biológicos, astronómicos, económicos, geológicos, sentimentales, familiares, políticos, genéticos, sociales y virales, que sin previo aviso pueden afectarnos gravemente. En la Tierra viven seres hermosos, pero también hay personas inconscientes y peligrosas. Es la realidad. Para agravar, muchas decisiones y acciones irresponsables hacia la naturaleza tomadas por gobernantes y comerciantes han causado más de un problema a nuestro clima y a nuestra sociedad.

¿Cómo hacer entonces? En la temporada que viví en las afueras de Nueva York no me preguntaba si vendría una gran tormenta de nieve (un año hubo cinco grandes nevadas), sino cuándo llegaría. Por esta razón, viví preparada con suficiente leña y provisiones, adaptándome al ambiente y a las circunstancias del lugar. No las resistía, sino que obedecía y respetaba las inclemencias. Los imprevistos de la vida y sus lecciones son inevitables y llegan por igual a los buenos, a los religiosos, a los motivadores, a los bandidos, a los positivos y a los negativos. Si vives en el trópico, un huracán puede llegar tanto a los devotos como a los no creyentes, la diferencia se encuentra en confiar en Dios al tiempo que te preparas para los imprevistos.

Prometo recordar que todo es temporal, que durante mi estancia en la Tierra habrá retos. Aceptaré y estaré dispuesto a enfrentar las situaciones que se me presenten, lo haré con dignidad y aplomo sabiendo que siempre me darán las fuerzas necesarias para sobrellevar cualquier reto. No se trata de tener una actitud de negación o pesimismo, sino de prepararse para vivir con la realidad.

La preparación es esencial y no consiste en esperar lo peor, ni ser negativo, ni vivir con miedo; es estar prevenidos para enfrentar las inclemencias posibles de la vida y estar preparados para la reconstrucción después de que pase la tormenta. Una casa espiritual fuerte es la mejor prevención y preparación. No importa si llega un huracán categoría 1 o categoría 5, lo importante es saber que las nubes negras, el viento y el rugir de las olas, siempre serán pasajeros, que la mayoría no causará estragos permanentes si estamos fortalecidos para recibirlos o si tenemos la oportunidad de esquivarlos.

Podemos hacer nuestra parte y trabajar junto a Dios para tener un mundo mejor, pero no podemos vivir en una eterna queja sobre todo aquello que no podemos controlar; es una causa perdida. Es recordar una vez más que ese huracán no es mala suerte, sino que es parte de la realidad de vivir en el trópico.

Prometo no olvidar que este mundo es temporal, pero Dios tiene un propósito para todo y ese todo tiene una razón de ser. Todo tiene su tiempo y su naturaleza; nada tengo que dirigir o controlar; mientras esté prendida del manto de Jesús, ya tengo todo; como la uva se sostiene de la vid para tener vida, nada tengo que temer, sólo descansar en sus brazos y confiar en que la primavera llegará.

CAPÍTULO

Prometo aceptar lo que no puedo cambiar

Lo que no se acepta nos ciega, lo que se resiste persiste, lo que se entrega se eleva y lo que se agradece nos engrandece.

La palabra «aceptación» no es muy popular en una cultura donde nos inculcan que tenemos el poder para cambiarlo todo con el clic de un ordenador. Buscaba un nuevo sentido esperanzador para la palabra «aceptar» cuando encontré que en latín tiene un significado hermoso y que refleja una cualidad del espíritu. En su etimología original, «aceptar» significa «aprobar» y «recibir». Entonces, una nueva definición para la palabra «aceptación» podría ser:

Hoy estoy dispuesto a recibir el regalo de esta lección.

NUEVE PASOS PARA LA ACEPTACIÓN

Estos pasos se aplican a varias situaciones, una noticia o un conflicto, una relación abusiva o de adicción, problemas en el trabajo o en las finanzas, etcétera.

1. La apertura. Es estar dispuestos a practicar y a recibir el obsequio de una lección. Para desarrollar la habilidad de ver lo que verdaderamente «es», primero se necesita la humildad de explorar la posibilidad de que necesitamos un cambio.

2. Invocar a Dios. Es importante darnos cuenta de que a veces por nosotros mismos no podemos tener una visión global sobre la existencia y la realidad de las cosas, que necesitamos la ayuda de Dios para identificar los retos. Luego necesitamos dar nuestro consentimiento para recibir su ayuda.

Si alguien tuviera, por ejemplo, un problema con la bebida, primero tendría que abrirse a la posibilidad de que quizás en su manera de ingerir esas copas de vino todos los viernes se esconda una adicción. Para verla, ayudaría mucho que orara. Para que la aceptación tenga un efecto de cambio, se necesita invocar a Dios con el fin de ver y luego entender. Todos tenemos libre albedrío, pero si no damos nuestro consentimiento para que Dios nos oriente, cualquier ayuda divina para una transformación puede retrasarse, especialmente si el miedo a un futuro incierto es superior al temor de quedarse en la comodidad del pasado.

Mi Dios, permito que me muestres lo que evita que pueda dar lo mejor de mí a los demás.

Los ojos son las lámparas del alma, si no pueden ver correctamente, nuestra vida lo demostrará por medio de la oscuridad de nuestras malas elecciones.

3. La investigación. Es cuando tenemos la valentía de mirar la evidencia del problema. En este momento necesitamos elevarnos por encima de nuestras emociones para ver lo que la razón y la evidencia tienen que mostrarnos. Es un buen momento para solicitar la opinión de un experto neutral y de confianza, que tenga experiencia en el tema, para ayudarnos.

4. Admitir la situación. Es sin duda el paso más difícil, sucede cuando nos rendimos con humildad y dejamos de justificar nuestras acciones.

5. Asumir y agradecer la lección. Ocurre cuando acogemos nuestra lección totalmente y nos hacemos responsables de ella no con sentimiento de culpa, sino como respuesta, al recordar que toda expe-

riencia trae consigo una gran lección que nos llevará a un crecimiento personal. Hoy no somos la misma persona de ayer, gracias a que hemos aprendido grandes lecciones. Es muy común alcanzar el aprendizaje tras haber cometido grandes errores y haber aprendido de ellos.

Para poder sanar, debemos primero asumir toda situación y circunstancia. Para sanarnos, Jesús primero abrazó la muerte, para luego trascenderla. Si queremos vivir en el presente, necesitamos morir al pasado.

6. Perdonarnos. La mayoría de nuestros errores no vienen por malas intenciones, sino por promesas erradas de culpa, búsquedas equivocadas de amor, repetición de un patrón y programación mental inadecuada. Puede ser también el resultado de un problema físico, psicológico, químico o neurológico, del cual no somos culpables y del que, muchas veces, tampoco tenemos consciencia.

7. La acción. Actuar es dar los pasos necesarios de un plan para hacer un cambio. No se pueden lograr verdaderos cambios con sólo tener una buena intención. Actuar es tanto decir no a lo que te hace daño como decir sí para recibir lo que realmente aporta a tu vida. Se trata de vaciarnos de lo innecesario para llenarnos de lo esencial.

8. Apoyo espiritual. Existen ocasiones en las que, para lograr ver lo que es necesario cambiar, se necesita contar con ayuda y consejería espiritual; muchas personas no pueden ver ni comprender lo que les sucede y a veces la familia perpetúa el mismo problema que tenemos, sucede, por ejemplo, en el caso de la codependencia y el consumo desmedido del alcohol.

9. Aceptar la ayuda. Es la humildad de recibir la misericordia de Dios. No es que Dios no quiera darnos su mano, sino que, muchas veces, nuestro propio orgullo no nos permite aceptar que necesitamos asistencia. Si somos conscientes del error igualmente somos responsables de buscar ayuda, si no podemos verlo, al menos podemos abrirnos a la posibilidad de que alguien nos aconseje.

ACEPTAR PARA PODER VER

Pasamos la mayor parte de nuestra vida sin ver verdaderamente, huyendo de todo lo que tememos. Luego, no comprendemos por qué en muchas ocasiones nos toca vivir precisamente las situaciones a las que nos resistimos. «No es justo», nos repetimos. Cuando existen situaciones muy incómodas recurrimos a la dispersión, pero cuando una situación llega a su punto crítico, pensamos que es mala suerte, cuando en realidad siempre estuvo ahí, pero no podíamos verla. La mayor parte de los retos suceden por falta de conciencia. Aceptar, en este caso, es sinónimo de reconocer, pues no se puede aceptar lo que no se puede ver, y lo que no se puede ver tampoco se puede transformar.

«Dios, dame la serenidad de aceptar las cosas que no puedo cambiar; valor para cambiar las cosas que puedo; y sabiduría para conocer la diferencia». Oración de la serenidad.[1]

ACEPTAR LO IRREMEDIABLE

Existen situaciones que son inevitables, como la muerte o el pasado, otras que pueden prevenirse y otras que, gracias a Dios, tienen remedio. Acerca de aquellas que tienen una esperanza, debemos preguntar a Dios la mejor forma de salvarlas y luego actuar con perseverancia. Para saber la voluntad de Dios, el reto es pedirle sabiduría con el fin de conocer la diferencia entre cuándo aceptar, cuándo desistir y cuándo luchar. Tampoco se trata de resignarse, resistirse o negarse, sino de darse cuenta de que junto a Dios siempre tenemos la opción de elegir, pensar y actuar de la mejor manera, para sanar la realidad de los demás y la nuestra. Nunca es tarde; cada situación, no importa lo negativa que pueda parecer, lleva dentro de sí un mayor bien si elegimos verlo. No todo es inevitable; si estamos despiertos y con la guía de Dios, nuestro libre albedrío junto al intelecto pueden evitar la mayoría de lo

---

1. Oración de la serenidad atribuida a Reinhold Niebuhr.

que no queremos, porque al final la mayor parte de lo que tememos nunca ocurre.

Si hay hambre, sufrimiento y guerra, aceptar no quiere decir estar de acuerdo. Cuando Jesús decía «a los pobres siempre los tendremos»,[2] se refería a nuestro pensamiento errado que permite esta conciencia. Conozco personas que se han dedicado toda una vida a ayudar a los pobres. Algunos lo hacen con alegría, pero otros ayudan con ira y sufrimiento. Igualmente conozco a quienes ayudan y lo hacen desde el amor y la dicha, porque saben que sólo son instrumentos de Dios. Están en paz porque al ayudar no esperan nada, no exigen nada, no reniegan ni maldicen, sólo actúan en nombre de Dios. Sería desgastante sentir que arreglar el mundo está en nuestras manos. Por otro lado, siempre pueden ocurrir milagros cuando colocamos toda nuestra atención en una verdad: que Dios y su voluntad son todo amor.

Hay una oración que, pronunciada con humildad y aceptación, resulta muy poderosa: «Te doy mis manos para ayudar en lo que pueda. Mis manos son tus manos, ayúdame para ayudarles».

Las lecciones difíciles en la vida, igualmente no son mala suerte, son parte de la realidad de vivir en la Tierra. No necesariamente las atrajiste con tu pensamiento erróneo, una creencia de la espiritualidad popular, que en ocasiones sólo ayuda a que te sientas más culpable. Es cierto que el pensamiento negativo recurrente puede empeorar el presente, pero no se puede llegar a los extremos. Por favor, no te culpes si alguien en tu vida muere, si llega una tormenta, si te enfermas, si alguien es adicto, si no cree en Dios; no te culpes si no puedes cambiar a un ser querido, si te han abandonado; no te culpes si han abusado de ti. Siempre puedes buscar mejorar toda situación en el nombre de Dios. Recuerda que nada puede cambiar desde la culpa.

Por supuesto, existen situaciones en las que una persona es directamente responsable del mal propio o ajeno, como en el caso de un bebé que nace enfermo si mientras se estaba embarazada se abusó del alcohol o se consumieron drogas o cigarrillos. En ese caso, la madre no sólo se hace daño a sí misma, sino también a la criatura. Aún en esa circunstancia, siempre hay una oportunidad para despertar. Cada cual

---

2. Marcos 14, 7.

actúa de acuerdo a la conciencia del momento y no podemos culparnos eternamente por acciones tomadas en un momento de ignorancia, aunque siempre debemos responder por nuestras acciones y reparar las que sea posible.

Lo importante no es culparte indefinidamente por tus errores, sino despertar e identificar qué es lo que no te permite aceptar y trascender los retos que se te presentan. La forma de trascenderlos es regresando a Dios por medio de un gran perdón y buscar remediar la situación, si es posible.

Recuerda que, aunque existen experiencias que no pueden cambiarse, con Dios la sanación espiritual siempre es posible.

Tu fortaleza, tu guía divina, tu conexión con Dios y tu intuición serán tu protección y fortaleza. La fuerza espiritual es la que hace la diferencia entre los que caen y no pueden levantarse y los que, junto a la gracia de Dios, eligen reconstruir sus vidas, posiblemente encontrando, luego de limpiar los escombros, una vida mucho mejor que la que tenían antes del paso del inevitable «huracán».

Las calamidades en la Tierra no son obra de Dios. La mayoría de los eventos negativos ocurren por la naturaleza temporal del mundo, y otros son el producto de un libre albedrío enfermo que elige en contra del amor, como en la guerra, la escasez de alimentos provocada por la avaricia, las enfermedades y los problemas climatológicos ocasionados por nuestra inconsciencia y por el abuso contra los animales y recursos naturales. Seamos culpables o no, necesitamos asumir algunos de estos riesgos y consecuencias en su momento, tal como hicimos en la pandemia; es necesario protegernos de ellos y, si es preciso, prevenirlos.

En la Tierra todo cambia; aunque también necesitamos compromiso, no podemos aferrarnos de manera enfermiza a cosas, personas o sucesos. No sufras ni te angusties, todo comienza, todo cambia, todo termina. Igualmente, todo renace. Coloca tu paz sólo en Dios, sólo él es eterno.

ACEPTAR LO QUE NO SE PUEDE CAMBIAR

Queremos pensar que somos poderosos, pero necesitamos aceptar que existen situaciones que se escapan de nuestro control. ¿Quién puede borrar el pasado? ¿Quién puede viajar al ayer y corregirlo? ¿Quién puede cambiar la hora de la muerte? ¿Y la hora del amanecer? Nadie puede cambiar el pasado, salvo Dios cuando sana nuestra mente y nuestro corazón. Sólo puedes hacer enmiendas en el presente; los pensamientos no se cancelan, se sustituyen. Lo que sucedió ya es parte de la historia; la resistencia precede al sufrimiento porque se traduce en falta de aceptación.

Lo sucedido, lo dicho, lo quitado y lo hecho en el pasado no pueden extirparse de la realidad, como tampoco puede eliminarse una estrella del firmamento. Algunas situaciones pueden enmendarse, se puede pedir a Dios que se lleve el sufrimiento del pasado, pero no su recuerdo. Se puede aprender de los errores, de aquello que hubiéramos preferido que no ocurriera o de aquello que hicimos sin conciencia, o inclusive de aquello que hicimos a sabiendas, pero que no pudimos evitar por inmadurez o defecto de nuestra humanidad. La aceptación y la humildad son cualidades que nos ayudan a vivir sin sufrimiento, ambas son sinónimos de liberación.

Todo lo que ya ha sucedido está enterrado en el cementerio de lo imposible: imposible de cambiar, borrar, extirpar, olvidar o eliminar. Lo que muere no puede revivirse, pero si se acepta, puede ocurrir un milagro y puede transformarse. El río no muere en el mar, sino que se transforma en océano; pero el océano, para ser océano, necesita de todo lo que el río trae en su cauce. De toda experiencia podemos aprender, inclusive cuando las cosas no salen como tú quieres, especialmente cuando no salen como deseamos. Las situaciones difíciles al final pueden traer una bendición escondida. Recuerda que hasta Jesús fue víctima de injusticias, lo que al final fue el mayor regalo para la humanidad. ¿Fue la crucifixión un acto equivocado por nuestra parte? Por supuesto que sí. ¿Fue un padre castigando a su propio hijo? Por supuesto que no.

Dios no provoca, y la mayor parte de las veces no interviene en la naturaleza de este mundo. A veces me pregunto qué hubiera sucedido si Jesús no hubiera aceptado morir de la forma más humillante y pública: ¿sus lecciones habrían llegado igualmente a casi todas las áreas del planeta a través de los siglos para mostrar al mundo el camino de regreso?

SIEMPRE PODEMOS ELEGIR

La vida nos brinda cosas buenas y malas, la cuestión es saber elegir bien en cada momento. No somos culpables de los obstáculos en el camino, pero somos totalmente responsables de lo que escogemos hacer con ellos. El pasado, la muerte, las leyes físicas y espirituales no pueden cambiarse, la voluntad de otro tampoco puede alterarse, y Dios no lo hace.

Nacemos sin elegir conscientemente el momento de la llegada y nos vamos sin elegir conscientemente el momento de la partida, pero lo que hagamos en el paréntesis entre estos dos momentos sí está en nuestras manos.

De nada vale luchar contra los retos que nos presenta la vida, a veces son necesarios; no es vivir de brazos cruzados, pero la Luna y las estrellas pueden brillar a pesar de la oscuridad. Si somos como las estrellas, la oscuridad es sólo un falso telón que no puede siquiera tocarnos cuando caminamos con Dios. La luz siempre será más fuerte que el vacío, de otra manera, ese vacío de la oscuridad podría tragarnos en su abismo negro de angustia. Si no hubiera caídas, no habría compasión; si no hubiera pérdidas, no habría humildad; si no hubiera enfermedad, no habría milagros. Si no tuviéramos la oportunidad de errar, tampoco tendríamos la posibilidad de perdonar. Si no tuviéramos la habilidad de elegir el mal, tampoco tendríamos la oportunidad de elegir el bien.

LO CONTRARIO DE ACEPTACIÓN

La resignación no es lo mismo que la aceptación. La resignación nos lleva a perder toda esperanza sin una sola luz que muestre la salida: «Nada que hacer, esto es lo que me tocó vivir».

A veces no podemos cambiar los acontecimientos exteriores, pero siempre podemos pedir a Dios que transforme nuestro interior, de esta forma vemos cómo a veces, teniendo el mismo problema y viéndolo diferente, ya no nos afecta de la misma manera.

SOBRE EL SACRIFICIO

Algunos piensan que el sacrificio no es parte del amor…; habría que preguntárselo a la madre de un niño con alguna discapacidad que haya elegido cuidarle, ella, sin duda, podría hablarnos del sacrificio y de su estrecho vínculo con el amor. La palabra «sacrificio» implica hacer sagradas todas las cosas, a la vez que se entrega algo valioso a Dios. La palabra misma nos recuerda un «sacro-oficio», al convertir nuestras obligaciones, nuestra labor y nuestro servicio en un acto sagrado que se hace con amor. Sacrificio es ofrecer cada una de nuestras acciones y retos a Jesús en el altar, sea una enfermedad o una situación crítica. En el mundo, todos tenemos alguna situación que podemos definir como una carga, pero con la gracia de Dios todo tiene menos peso. Cada persona tiene una cruz, esa situación que de pronto no podemos cambiar porque es inevitable, sea un niño con discapacidad o una condición física o mental que no entra en un cuadro de «normalidad». Lo que sí podemos hacer es cambiar nosotros para que, en vez de mirar hacia el suelo, podamos levantar la vista hacia Dios para que toda situación sea elevada, y al trascenderla, podamos crecer y ser mejores seres humanos.

Gracias a mi trabajo, tengo la oportunidad de conversar con muchas personas y he llegado a la conclusión de que todos, sin excepción, tenemos esa cruz, de la manera que sea, ese reto que nos recuerda inexorablemente nuestra fragilidad humana.

La única forma que tuvo Jesús para vencer la muerte fue aceptando primero y luego asumiendo su propia cruz. En sólo unas horas, Jesús asumió el dolor y el sufrimiento, para mostrarnos de esta manera cómo trascender la muerte y rehacer nuestra comunión con Dios. Si en vez de rechazar esa cruz la aceptamos, quizás pueda liberarnos y llevarnos directamente a su cielo. Cuando invocamos a Jesús, él toma nuestra cruz una vez más para hacer nuestras cargas más livianas. El secreto de trascender toda cruz es primero asumirla para luego entregarla totalmente a Jesús, siendo fiel a sus palabras: «Cualquier cosa que ustedes pidan en mi nombre, yo la concederé».[3]

ACEPTARME A MÍ MISMO

Cuando dejamos el vientre de nuestra madre, nos enfrentamos a un mundo desconocido e imperfecto, llegamos para recibir un nuevo lenguaje y un nuevo hogar con sus propias reglas. Nacemos con algunas condiciones predeterminadas, como nuestros padres y nuestra raza, y es posible que muchos no estemos de acuerdo con la familia que nos tocó, ni con el cuerpo, o con la situación heredada de quienes vivieron primero que nosotros.

Para aceptar a los demás, primero necesitamos aceptarnos a nosotros mismos. Rara vez estamos de acuerdo con nuestra naturaleza. Si somos tímidos, queremos ser extrovertidos; si somos analíticos, queremos ser sociables; no ayuda que algunos de nuestros padres hayan sido los primeros maestros de nuestra propia falta de aceptación, esperando que los hijos llenaran sus expectativas, sin preguntar primero cuál es su talento y su temperamento. Otras veces son las propias historias infundadas del pasado las que crean una imagen perfecta pero ilusoria de quién pensamos que deberíamos ser. Siempre existe espacio para mejorar, pero se trata de crecer, no de sufrir imitando a los demás en busca de un falso ideal.

MEJORAR LO QUE SE NOS HA DADO

Lo que decidimos hacer con lo que recibimos no ha sido predestinado, cada segundo es una nueva oportunidad de utilizar nuestro poder de elección para cambiar lo que podemos y aceptar lo que no podemos cambiar. Se trata de asumir nuestros talentos y también pedir a Dios que nos ayude a mejorar nuestras debilidades. Algunas veces resulta

---

3. Juan 14, 13.

muy curioso que, aunque la mayoría se resiste a actitudes, hábitos y falsos pensamientos heredados, al nacer muchos –sin notarlo–, por más en desacuerdo que estén con lo recibido, en vez de modificarlo, lo perpetúan por generaciones.

ACEPTAR EL PRESENTE

Algunos viven en el estado de la eterna expectativa; siempre les falta «algo», ese algo usualmente depende de otros, y la vida se convierte en una eterna espera de eso que seguramente es mejor, pero no llega: «Esto es lo que quiero, algún día lo obtendré y entonces seré feliz». Otros, por el contrario, viven con una condición a la que se resisten y no quieren tener: «No quiero esto, quiero algo mejor», y hay quienes viven rememorando el pasado: «Ah, aquellos tiempos». Pensar que el pasado fue lo mejor, automáticamente anula las posibilidades del futuro. Cuando nada se compara, para qué tratar siquiera. No aceptar el presente es resistirse a él. Siempre puedes mejorar tu situación presente, preguntándote primero: ¿qué es lo que realmente busco? Vemos personas que lo tienen todo y no pueden sentirse agradecidas porque quieren huir y buscar algo diferente.

Yo misma fui una de esas personas que lo tenía todo, pero siempre sentía que me faltaba algo, porque a pesar de lo que estaba a mi alcance, había un profundo vacío dentro de mí. En varios momentos de la vida lo hemos «tenido todo», lamentablemente a veces necesitamos tiempo, distancia y no tener esas cosas o personas para saber que en ese momento eran realmente «todo», pero no nos dimos cuenta. El antídoto para esta dolorosa situación es hacerse responsable por las decisiones del pasado. Si no hacemos las paces con nuestro pasado, no podremos ver claramente nuestro presente.

Si Dios es tan bueno, ¿por qué permite mis caídas? «Esto no es justo, mientras más me acerco a Dios, más retos tengo», me repetía en medio de una triste situación, pero luego pude reflexionar y entender que esas situaciones desagradables que puedo ver hoy son la consecuencia de lo que no podía ver en el ayer.

Muchas de las circunstancias negativas que se nos presentan al regresar al camino espiritual provienen de decisiones que tomamos o que dejamos de tomar en momentos en los cuales no tuvimos conciencia y, por lo tanto no pudimos, verlas. No porque antes la situación fuera necesariamente peor, sino porque ahora podemos ver y discernir con la habilidad de ver y resolver dicha situación. Mientras que, en la negación de la falsa calma, y en la comodidad de pensar que nada malo nos podía ocurrir, nada podíamos ver. Que haya calma no significa que todo esté bien.

Negación es no querer ver, pero la falta de conciencia es cuando sinceramente nada puedes ver. Dios es compasivo, lo sabe y a veces el mejor regalo que nos puede hacer es despertarnos y llamarnos del sueño con un ruidoso despertador.

Siempre podemos aprender de una lección para provocar un cambio de conciencia en nuestras almas, y hasta en la de nuestros seres queridos. Lo más importante no es lo que deseas en la Tierra, sino el bien de tu alma en su viaje. Incluso hasta perder la libertad puede ser una forma extrema para proteger y esculpir un ser. Nada sabemos, entonces debemos agradecer todo. Es darse cuenta y agradecer en el ahora.

En los días en que la esperanza se debilita, ora a Dios; él, sin duda, te enviará un ejército de fe.

En las memorias escritas en mi libro *Desde Om hasta Amén,* compartí que un día viajé casi quince horas por aire y carretera, crucé del este al oeste de Estados Unidos con el fin de encontrarme con un maestro espiritual en las afueras de una ciudad, para que me dijera el secreto de la iluminación. Esto es la vida real, no una fábula. Luego de llegar con toda la expectativa de un niño que aguarda una gran sorpresa, todavía recuerdo las palabras del querido maestro: «Pero, Sharon... ¿Qué es lo que buscas?».[4] Me quedé en blanco, no pude responderle porque todavía no lo sabía, y hoy puedo ver que, aunque era un hombre ma-

---

4. De mi libro *Desde Om hasta Amén*. Barcelona, Ediciones Obelisco, 2023.

ravilloso y sabio, como muchos otros sabios que conocí, él tampoco fue capaz de decirme; y es que las respuestas de cada cual viven en los archivos y contratos de su alma.

Esperanza no es vivir esperando lo que quieres, sino amando lo que tienes, es entregar y vivir con la paz de saber que el que aguarda la voluntad de Dios, siempre será recompensado más allá de sus expectativas. La aceptación es el resultado del poder de elección, se elige aceptar, aunque no se quiera; pero recuerda, aceptar no es aprobar. La resignación que termina por convertirnos en víctimas de las circunstancias es todo lo contrario, porque es la consecuencia precisamente de no utilizar nuestro poder para elegir. De nada vale decir que nos resignamos exteriormente si dentro de nosotros mismos sufrimos la angustia de no haber aceptado.

La aceptación no es estar de acuerdo con lo que ocurre, tampoco es quedarte en una situación inaceptable, es poder ver que sí ocurrió, y estar en paz con ello.

LA ACEPTACIÓN NO ES FRACASO

Pensamos que el fracaso es la ausencia del éxito, pero la palabra «fracasar» viene del italiano *fracassare* y se refiere a una barca que se ha estrellado en su viaje. Cuando navegamos a ciegas y nuestra barca queda encallada en la noche oscura, cuando nuestros deseos no se cumplen o las cosas no salen en el tiempo deseado o como queremos, automáticamente pensamos que fracasamos y nos vemos tentados a decir: «Soy un fracaso». Pero como vemos, sólo es un reflejo de que nuestra alma se siente «rota», que pienso que algo le falta o está dividida, aunque no sea por lo que le falta materialmente, sino la consecuencia de la ruptura con Dios.

El fracaso es un espejismo, una percepción errónea forjada por nuestras falsas expectativas que nacen cuando juzgas y comparas el lugar donde te encuentras, en relación con el lugar donde la sociedad y tú, piensan que deberías estar. Pero sólo un ser que olvidó su identidad es capaz de valorarse por medio de comparaciones. No debemos olvidar las palabras de la madre Teresa de Calcuta: «Dios no nos llamó a tener éxito, sino a ser fieles».

El éxito de Jesús y de sus apóstoles no estuvo en galardones ni gloria, sino en la fidelidad al imitar el mensaje, compartiendo las lecciones de su amado maestro.

Hoy siempre espero lo mejor, aunque sé que a veces «lo mejor» puede ir en contra de mis preferencias; por experiencia sé muy bien que las ideas de Dios siempre son mejores que las mías.

¿Llamarías fracaso a cada caída de un bebé que comienza a caminar? Al contrario, cada caída lo lleva más cerca del día en que no sólo caminará, sino que correrá y brincará.

Al final, Dios no premia a los que ganan en la vida, premia a los que, a pesar de no ganar, no pierden la fe. No tiene que ser una gran fe, con un poco basta.

Si permitimos que nuestro valor provenga de los presuntos éxitos o de las temidas caídas, siempre estaremos expuestos a sentirnos «fracasados», pues la vida tiene su propio proceso y su propio tiempo. Mientras que si tu valor proviene del amor de Dios y de la certeza de saber que —no importa dónde te encuentres en el aula de la vida, sea elemental o ya avanzada en una universidad— eres un ser completo y amado por Dios; siempre tendrás el éxito asegurado. Cada caída que se acepte, simplemente será un paso más para aprender a caminar. El invierno no es un fracaso, es una pausa. Una preparación para renacer.

ACEPTAR EL BIEN AJENO

Una vez escuché esta bella lección sobre los celos. Éstos nacen de no aceptar el bien ajeno, lo que luego se convierte en envidia, la cual puede escalar hasta el odio. Si encuentras que alguien tiene una cualidad que te gustaría desarrollar, eso puede convertirse en inspiración para mejorar.

El amor hace que admiremos y evita que odiemos, es un sentimiento experimentado, como cuando admiramos las cualidades de nuestros hijos. Si no se aceptan las cualidades de otros, entonces nacen los celos, la envidia y el odio.

Lo mismo sucede con las emociones, cuando las positivas se aceptan y se vuelven valiosas lecciones, pero las que no se aceptan se convierten en emociones muy destructivas.

LA HUMILDAD, MAESTRA DE LA ACEPTACIÓN

La sabiduría no consiste en tener dominio o conocimiento de todas las cosas, al contrario, se trata de asumir la verdad de lo poco que podemos controlar, y de reconocer con humildad lo que no podemos comprender o cambiar. La palabra «humildad» no tiene que ver con humillación; igual que la palabra «humano», nace de *humus,* que significa «tierra». Es la sabiduría que te lleva a la aceptación de reconocer nuestro estado transitorio.

«Volverá el polvo a la tierra como lo que era, y el espíritu volverá a Dios que lo dio».[5]

Nos convertimos en sabios cuando tenemos la humildad de aceptar que nada sabemos. La humildad surge de la valentía de atreverse a preguntar, de tener la voluntad de soltar lo que pensamos que sabemos a cambio de la disciplina del discernimiento, que nace de aceptar la guía de Dios en cada momento.

---

5. Eclesiastés 12, 7.

Quién puede arrodillarse ante Dios, puede levantarse tras cualquier caída, erguirse tras cualquier tropiezo y elevarse tras cualquier dificultad.

La humildad pareciera una cualidad de una persona débil, cuando en realidad es la valentía y el coraje de dejarse llevar por un camino sin garantías. Todo tiene su propósito.

Cada cosa que sucede o no sucede tiene una fuerte razón de ser o de no ser. El futuro siempre aclara lo que hoy no puedes entender. Confía en Dios. La verdadera paz llega en el momento en que nos damos cuenta de que él siempre tiene la mejor opción para nuestras vidas.

Prometo aceptar lo que no puedo cambiar y ser humilde. Hoy prefiero vivir más en la ignorancia de la pregunta que en la arrogancia de pensar que conozco todas las respuestas. Hoy me abro a recibir el mapa de mi verdadero destino, repleto de las cosas que sí puedo cambiar con tu ayuda, y permito que seas tú quien me lleve a salvo a la isla de tu paz.

Lo importante es reconocer y agradecer que hasta los sucesos más desagradables no son causados por Dios, pero pueden ser utilizados por su sabiduría para brindar un bien mayor del que hoy disfrutamos, personalmente o como humanidad.

Mi Dios, hoy prometo aceptar lo que no puedo cambiar. Sabes bien que no soy perfecto, pero que tu voluntad sí lo es; en medio de mi confusión te entrego todo lo que hoy me aqueja con la certeza de que tu mano sanadora siempre derrama sus milagros sobre mí cuando repito estos verbos mági-

cos: te entrego; te ruego; te permito que me muestres; me perdono y te agradezco. Hoy permito que mi voluntad esté alineada con la voluntad de Dios en todas las áreas de mi vida.

DESCUBRIENDO LOS MECANISMOS QUE NOS IMPIDEN ACEPTAR

La excusa es nuestro mecanismo preferido para negar las decisiones equivocadas del pasado, justificar el hecho de no cambiar y quedarnos en el mismo lugar sin avanzar ni evolucionar.

Lo contrario de la aceptación es la excusa. La aceptación y la responsabilidad te liberan espacio mental para ver claro; muchas de nuestras limitaciones son inconscientes y se repiten cíclicamente durante el transcurso de nuestras vidas. Para salir del círculo es necesario romper con la excusa y la vieja promesa del pasado; se rompe mediante la aceptación. Si no se puede ver, es necesario pedir a Dios que nos muestre claramente el camino, tener la valentía de observarnos y la humildad de reconocernos, sin olvidar que Dios te ama a través de todo proceso de descubrimiento.

Cada uno de nosotros tiene su camino, muchas veces salpicado con piedras y muchas otras con inmensas rocas. Las piedras y las rocas en tu camino pueden ser grandes obstáculos o pueden convertirse en el motor para escalarlas y divisar un nuevo destino desde la altura. Igualmente recuerda que para escalar necesitas ayuda.

Las piedras y las rocas pueden infundir temor, pueden ser una excusa, pueden ser una barrera, pero realmente fueron hechas para ser conquistadas y escaladas, fueron colocadas allí para animarte a subir al mismo cielo. La aceptación no es conformismo, es lucidez y tenacidad.

ACEPTAR ES CAMBIAR LA RESISTENCIA POR LA FE

¿Por qué a mí? ¿Por qué a mí no? Te aseguro que no estás solo experimentando esta lección. Si tienes que experimentar una lección desagradable en tu vida, no te culpes, no discutas con Dios; los mayores retos nos suceden a todos en este plano, inclusive a Jesús. No te resignes, pero tampoco te resistas; más bien asume, agradece, aprende y supera la lección. Buscar la suerte es un fútil esfuerzo por alterar las leyes del universo, mientras que la certeza es invitar y aceptar la sabiduría de quien las creó. Nada sustituye la fe.

> **Gracias por recordarme por medio de este reto lo que necesito sanar; no puedo sanarme cuando ni siquiera puedo ver la herida, pero ahora que la puedo reconocer, te permito que la sanes con toda la intensidad de tu luz que pueda soportar.**

DIOS CONOCE TUS BATALLAS Y TE ALIENTA EN SILENCIO

Aunque el camino a veces no parece perfecto, te invito a suspender el juicio de lo que aparenta ser, a cambio de confiar por un segundo en lo que Dios quiere hacer. Aunque aparenta estar en silencio, él siempre observa lo que haces, no en actitud de juicio, sino de compasión.

Al dejarte llevar y estar dispuesto a creer que tu fuente externa de sustento viene del eterno, se terminan los conflictos, te llega la dirección y en medio del peor torbellino te sentirás en paz. En estos escritos no puedo darte las soluciones, nadie puede hacerlo, sólo puedo referirte hacia quien me ayuda cuando parece que no tengo salida. Pienso que, aunque parezca que nadie ve lo que hacemos, nuestros logros, nuestros esfuerzos y nuestras caídas ya han sido observados por alguien más alto que conoce nuestras verdaderas intenciones y nuestro verdadero sentir. Su obra no puede medirse con los instrumentos de este mundo.

Ten fe. Si ves que tu mundo se derrumba, entrega a Dios. Él recogerá tus escombros y los convertirá en los ladrillos para construir algo nuevo.

Después de aceptar, continúas con tu vida soñando, agradeciendo y actuando con amor, pero ya no sigues sufriendo, pues el amor de Dios es permanente. Tienes éxito cada día que vives y actúas en el amor, sabiendo que puedes perder una batalla, pero cuando sigues su voz en tu corazón, ya no puedes perder a Dios en la guerra en contra del amor.

Prometo aceptar lo que no puedo cambiar, porque si tuviera todos los tesoros del mundo, pero olvidara de dónde vengo, no quedaría nada. En cambio, si perdiera todo, pero recuperara mi alma, lo tendría todo. Entonces el gran reto que me lo recuerda no es un fracaso, sino un regalo, pues él me habrá devuelto mi mayor tesoro: regresar a mí mismo y a Dios.

Prometo *recordar* que soy uno con Dios

¿En qué se parecen las aves a los seres humanos?

En que las aves vuelan sobre el viento, pero no pueden verlo, y los seres humanos caminamos junto a Dios y tampoco logramos reconocerlo.

LO QUE TODOS LOS SERES HUMANOS TENEMOS EN COMÚN

No importa el físico o la posición social, en algún momento todos, sin excepción, buscamos algo, soñamos algo, amamos algo, tememos algo, ganamos algo y perderemos algo, y puede no ser un algo, porque ese algo que nos falta y que buscamos finalmente es alguien y es Dios. Todos los seres humanos fuimos creados por Dios y todos tenemos un radar interno que nos lleva a la búsqueda de su rostro.

Si caminas en el desierto de un remoto planeta y encuentras una extraña y complicada máquina, ¿pensarías que está allí por accidente? ¿cómo saber qué es, de dónde vino y para qué fue creada? ¿No sería lo más sensato tener la humildad de buscar primero a su creador para preguntarle para qué la creó? Es algo casi inherente al ser humano resistirse a hacer una pausa para pedir direcciones, aunque desconozca el camino.

Igual nos sucede cuando tratamos inútilmente de buscar los más grandes misterios por cuenta propia para intentar explicar nuestra existencia. Desmenuzamos, desglosamos y calificamos todas nuestras partes, pero sólo logramos encontrar más preguntas, porque, aunque la ciencia avanza, la realidad es que, con todas nuestras conquistas intelectuales y físicas, hemos sido incapaces de encontrar el verdadero sentido de la maquinaria humana por nosotros mismos.

No necesitamos ser físicos para observar que este universo tiene su orden, y aquí precisamente se encuentra la gran diferencia entre el creyente y el no creyente.

He tenido largas conversaciones con no creyentes. Ellos descansan en la ciencia que muestra que este universo es un mundo caótico y accidental; con ellos llegué a la conclusión de que la diferencia entre un creyente y un no creyente es que para los que no creen, la Creación es un accidente convulso, pero para el que cree, es un maravilloso orden celestial. Tampoco se debe olvidar que ser creyente tiene varias vertientes; no todos comparten nuestro concepto de la divinidad y esto no los invalida.

Si viéramos microscópicamente el nacimiento de la vida de un niño por la formación de su embrión, entre la explosión biológica y genética creeríamos que es un caos y no la perfección inexplicable que es, un milagro de vida altamente organizado.

Cuando no existen las explicaciones, Dios es la única respuesta.

Es casi imposible convencer a otros de la existencia de la divinidad, porque esta llama no se enciende únicamente por información, se recibe directamente debido a una verdadera gracia divina por todo aquel que en algún momento tiene la humildad y la sinceridad de pedirla, sea un criminal, un doctor o un modesto campesino. Cuando llega el momento, Dios siempre tiene la mejor manera de revelar su rostro. A veces llega por nuestro propio llamado, otras veces sucede por su misericordia, y otras porque tenemos la gran suerte de que alguien de fe ha orado por nosotros. A veces ese rostro está plasmado en un extraño, en un árbol o en un sentimiento.

Los que hemos tenido un vestigio de su ser podemos compartir la experiencia, como quien conoce a alguien maravilloso y lo presenta a sus amigos. Hablar sobre Dios no es una encomienda fácil. Es un tema que necesita de mucha sutileza; en la humanidad existen muchas cicatrices de heridas hechas por los que falsamente decían hablar en su nombre.

¿Cómo decirte que el Dios de quien hablo no es el mismo del que quizás has escuchado hablar? Ese Dios lleno de venganza, condenación, control, juicio, castigo, muerte y culpa, en cuyo nombre muchos hacen y deshacen. El rumor errado de ese Dios severo y castigador nos ha llevado a alejarnos masivamente de él por sus falsos representantes y nos ha negado la visión del Dios real, la del Dios del amor, del perdón, de la compasión. ¿Cómo saber quién es ese Dios de quien hablo? Descubriendo que está lleno de amor, infinita paz, paciencia, vida, esperanza y luz, que sólo espera nuestra invitación para asistirnos incondicionalmente.

Lo sé, el fanatismo, la manipulación, el miedo y la culpa te han alejado, o quizás la mala experiencia con alguien que creías enviado de Dios te ha fallado, y todo eso hoy te hace dudar. Muchos de los que nos alejan de Dios son precisamente aquellos que se creen que están tratando de acercarnos. Si te sientes lejos, el primer paso para recordar a Dios es preguntar cuándo y por qué te alejaste.

Otras personas están convencidas de que hablar de Dios es sinónimo de ignorancia, de alguna debilidad o fanatismo. Algunos en el otro extremo perdieron su fe por los argumentos de un maestro de filosofía. Más de una vez han editado el nombre de Dios en mis entrevistas: «Dios no vende, la gente se ofende», me decían.

Todos quieren ser aceptados y entiendo por qué hemos recurrido a un dios abstracto para expresar la fe, no sea que alguien piense que somos estúpidos.

Prometo no olvidar a quien me envió, pero antes necesito recordarlo, y una vez que lo recuerde y lo encuentre, la promesa más importante y la que conlleva más valentía es la de no negarlo.

LA DESAPARICIÓN DE DIOS

Aunque me consideraba muy espiritual, el verdadero Dios estaba cada vez más ausente de mi fórmula de la felicidad. Precisamente, descubrí que estaba alejada de Dios cuando comencé a cuestionar el vacío que sentía, a pesar de tener todo lo deseado. Por esa razón, el subtítulo de mi libro anterior *Los ciclos del alma*, es: *El proceso de conexión*.

Mi alejamiento de un Dios personal no sucedió en un día, sólo me interesaban los beneficios inmediatos que pudiera obtener de las diferentes prácticas, como el poder de manifestar lo deseado y la calma fugaz que llegaba después de conseguirlo.

Encuentro que buscar al dios impersonal del todo, el que sólo es una ley de energía, nos lleva a una parte muy limitada de la experiencia del verdadero Dios.

Reducimos a Dios a una ley para ser utilizada por un interés personal con el fin de usar su poder para nuestro propio beneficio, no para obtener espiritualidad o salvación, sino para que se cumplan nuestros deseos en este mundo temporal, lo que muy fácilmente puede diluir y confundir la verdadera fe con la suerte, para convertirla en la ley de atracción, en la evangelización de prosperidad o simplemente en materialismo.

La vida me ha demostrado que no podemos generalizar, que existen personas muy religiosas que cumplen con cada rito de su fe, pero que no tienen ni un gramo de espiritualidad, amor ni caridad; y otras que se llaman espirituales, que tampoco tienen un compromiso que no sea una búsqueda egoísta de ellos mismos. Aunque en el fondo ambas buscan a Dios, descubrí que a pesar de que debemos orar para todo, rezar sólo para conseguir nuestros deseos, sin tener amor, compromiso contigo mismo y con ese Dios a quien le pides, es una espiritualidad incompleta.

Para sanar el alma se necesita ir un poco más allá de un pedido, es recurrir a la invitación. No niego que un pedido es el principio de la fe, porque al menos buscamos a Dios para ayuda, sólo sugiero que esa sola intención está incompleta.

DIOS Y SU UNIVERSO

El espíritu de Dios está por todo el cosmos y lo sostiene, pero el universo por sí mismo no es Dios, sino su expresión, y por ese motivo encuentro que su significado no es intercambiable. El universo es un orden que tiene quien lo rija. Nosotros queremos manipularlo por las leyes universales, pero no tenemos la sabiduría ni el poder para tratar siquiera de descifrarlo. Tratar de administrarlo sería como decirle al Sol que salga en la noche, o a la primavera que irrumpa en medio del otoño, sería el caos. Gracias a Dios que al final sólo su voluntad prevalecerá. Existe una manera más fácil e infalible para lograr la plenitud. Es mejor entregar la administración del universo a Dios.

Muchos dicen que necesitas desprendimiento, que debes soltar, pero la pregunta es ¿a qué? o ¿a quién? Precisamente ésas fueron las preguntas que me llevaron a descubrir la herramienta más poderosa: el secreto de la entrega. Cansada de tratar de manipular el universo con resultados cuestionables, motivada por la búsqueda del Dios verdadero y una pregunta que retó mis creencias, comencé el camino de regreso a casa.

En el pasado nunca me interesó definirme ni identificarme con ninguna fe, hasta que un día, una persona que conocía mi confusión universalista, quiso saber en qué creía y me presionó por medio de una pregunta inesperada: «Sharon, imagina que caes en un hueco profundo y sin salida. ¿A quién invocarías si tu vida o la de tu hija corrieran peligro y dependieran de ese ser?». Una pregunta y una respuesta que nunca olvidé, porque, aunque sí me dejó perpleja la pregunta, más sorprendida me quedé con mi propia respuesta, porque no me quedó ninguna duda al responder: «Llamaría a Dios y a Jesús, obviamente».

La pregunta me trajo una gran nostalgia y fue la que finalmente me llevó a cuestionar en qué creía, aunque no hubo duda alguna en mi respuesta, sabía que en este caso de vida o muerte no llamaría al universo, sino que necesitaría de mi Dios personal, al mismo de mi niñez, el único, el fuerte, el compasivo. Encuentro que muchos reniegan de Dios, pero hasta el más convencido regresa a un Dios personal cuando se encuentra acorralado. ¿A quién llamaría?

Descubrí que en el camino de la espiritualidad ya no necesitaba «algo nuevo», que, para entregar la voluntad, que es lo más valioso del ser humano, primero era necesario preguntar a quién entregar. En mi caso, encontré que definir mi camino hacia Dios no me limitaba, al contrario, tal como un niño necesita límites para sentirse seguro, definir (no a Dios, sino a mí misma) me daba libertad, paz, seguridad y claridad, lo que a su vez desembocaba en genuino crecimiento espiritual. Dios no puede definirse, pero nosotros sí podemos definir nuestra ruta.

Muchos no buscamos a Dios para seguir sus valores, sino que buscamos una filosofía afín para continuar con nuestros errores.

Aunque la experiencia es importante y la diversidad necesaria, estarás de acuerdo conmigo en que existen prácticas que nunca debemos tratar, pero en tanto seamos adolescentes espirituales, muchos lo haremos como un acto de rebeldía, con el único fin de retar el sistema y probar nuestra individualidad. Tengo mi lista de experiencias que no recomendaría, por ejemplo, arriesgar la vida para resolver miedos y emociones. He aprendido que no todos los caminos nos llevan a Dios, como el caso de seguir a algún líder de un culto descarriado.

LA HISTORIA DE ALICIA

Escuché esta misma analogía en una homilía, es la historia de *Alicia en el país de las Maravillas.* En su viaje, Alicia se encuentra perdida e indecisa frente a muchos caminos y se dice así misma con un tono inocente:

—Tantos caminos, ¿por cuál de todos me iré?

Entonces, se encuentra con el gato y le pregunta:

—Gato, ¿qué camino debo tomar?

El gato le contesta en tono de burla:

—Bueno, eso depende hacia dónde quieres ir tú.

Alicia le responde:

—Eso no importa.

Y el gato le dice:

—Bueno, entonces, si no te importa a dónde vas, realmente no importa el camino que escojas.

Alicia quería preguntar a alguien más, pero el mismo gato le aseguró:

—Aquí todos están locos, incluyéndome a mí.[1]

Muchos pueden asegurar que todos los caminos te llevan a Dios, pero:

No es el mismo camino si es otra montaña.

¿CÓMO REGRESAR A DIOS?

No necesitas regresar a lo que nunca te ha dejado, pero sí necesitas invitarle, o, mejor dicho, estar dispuesto a escuchar su llamado. Dios no se busca, se descubre a veces en cada momento, cuando se le invoca, porque siempre está allí, dentro de nuestro corazón y al lado de nosotros esperando nuestra llamada. Como un tesoro olvidado está escondido, se descubre porque está cubierto por el polvo de nuestras propias ansiedades, dudas y distracciones, ahogando su voz por el miedo y el rencor, Jesús entra por el corazón; si llamamos a su puerta, Dios nos encontrará donde y como estemos.

A veces queremos culpar a Dios, odiarle, temerle, rogarle, pero muy pocos están dispuestos a invitarle, permitirle y entregarle. Dios es inexplicable; mientras más se explica, menos se comprende; mientras más se cuestiona, más se escapa; mientras más se busca, menos se encuentra; mientras más gritamos, más silencio, porque su voz no se escucha, más bien se percibe en medio de un corazón arropado por la humildad de preguntar, de alabar, de permitir, de quedarse en silencio.

---

1 *Alicia en el país de las maravillas,* Disney (1951).

Dios se encuentra en el silencio. ¿Cómo poder escuchar su bella melodía bajo el estruendo de cada distracción? Con toda razón muchos dicen que no existe y eso se debe a que:

> Muy pocos son capaces de liberarse del grito del pensamiento para encontrar el silencio de Dios en la quietud de su corazón.

No siempre es un requisito poder ver lo que se necesita creer. El oxígeno no se puede ver a simple vista, pero sin él no podemos sobrevivir. Igual nos pasa con Dios, no podemos verle, pero sin él, podemos hacer muy poco que tenga verdadera trascendencia; cuando nos falta, podemos sentirnos asfixiados, como si se nos fuera la vida. Pocas veces entendemos por qué, a pesar de tener todo lo que deseamos, no podemos «respirar».

> El amor de Dios es el oxígeno del alma.

CUALIDADES DE DIOS

Dios no está limitado por el tiempo ni el espacio, y describirlo desde nuestra visibilidad es imposible, tal como lo sería describir una galaxia desde la perspectiva de una pequeña célula. Simplemente se necesita aceptar que habrá preguntas que no importa cuánto indaguemos, siempre serán un misterio. Aunque es imposible tener descripciones de lo que desde nuestra perspectiva no las tiene, encontré que Dios tiene una naturaleza infinita junto a sus descripciones igualmente eternas:

- **Dios es espíritu, el mismo Espíritu Santo**
  «Todo era un mar profundo, cubierto de oscuridad, pero el espíritu de Dios se movía sobre el agua».[2]

---

2. Génesis 1, 2.

- **Dios es el Creador**

  «En el comienzo de todo, Dios creó el cielo y la Tierra».[3]
- **Dios es eterno**

  «Antes que se formaran los montes y que existieran la Tierra y el mundo, desde los tiempos antiguos y hasta los tiempos postreros, tú eres Dios».[4]
- **Dios es el omnipresente**

  «¿A dónde podría ir, lejos de tu espíritu? ¿A dónde huiría, lejos de tu presencia? Si yo subiera a la altura de los cielos, allí estás tú; y si bajara a las profundidades de la Tierra, también estás allí».[5]
- **Dios es omnisciente**

  «Señor, has examinado mi corazón y sabes todo acerca de mí. Sabes cuándo me acuesto y cuándo me levanto; conoces mis pensamientos aun cuando me encuentro lejos; me ves cuando viajo y cuando descanso, sabes lo que voy a decir, incluso antes que lo diga».[6]
- **Dios es omnipotente**

  «Yo soy Dios Todopoderoso».[7]
- **Dios es bueno, perfecto y justo**

  «Él es el protector y sus obras son perfectas. Sus acciones, justas. Él es el Dios de la verdad, en él no hay injusticia».[8]
- **Dios es fiel**

  Conoce, «pues, que el Señor… es el Dios verdadero, que cumple fielmente su alianza… con los que le aman…».[9]
- **Dios es amor**

  «El que no ama no ha conocido a Dios, porque Dios es amor».[10]

En algún momento de la historia, decir su nombre estaba prohibido, era secreto e impronunciable; aunque es imposible verlo con nues-

---

3. Génesis 1, 1-25.
4. Salmos 90, 2.
5. Salmos 139, 7-24.
6. Salmos 139, 1-3.
7. Isaías 42, 5-10.
8. Deuteronomio 32, 4.
9. Deuteronomio 7, 9.
10. Juan 4, 8.

tros ojos, la mejor descripción de Dios es un silencio lleno de devoción, pero es universalmente entendido que Dios es amor.

DIOS COMO PADRE PERSONAL

Dios es nuestro Creador, también el de sus leyes y las del universo; aunque su espíritu permea todo lo que él ha creado, su grandiosidad no evita que pueda sentirlo como un padre, *Abba* o Padre, como le llamaba Jesús; un Padre que nos ama inmensamente. La palabra *Abba*, del arameo, significa algo así como padre mío querido, una manera de comunicación que sólo podía tenerse con un familiar bien cercano y de confianza, palabras llenas de amor y ternura hacia alguien que igualmente nos cuida y protege.

Esta relación personal con un ser que puedo llamar padre elimina y anula totalmente la imagen errada de un ser castigador. Igualmente sustituye a un dios abstracto por un protector real que me ama y me apoya en mi regreso, que conoce mis limitaciones, pero me ama inmensa e incondicionalmente.

Dios es trino y al mismo tiempo es uno: Padre, Hijo y Espíritu Santo.

Si bien somos cuerpo, alma y espíritu, igualmente podemos relacionarnos con Dios a través de su misma magnificencia trinitaria de la que también somos herederos, porque estamos hechos a su imagen y semejanza. Siempre y cuando Dios esté en nosotros, podemos conocerlo a través del alma; también podemos percibirlo a través de un espíritu lleno de su Espíritu, sentirlo con un corazón lleno del amor palpable del Padre y recibir su compasión incalculable por medio de los brazos de la presencia de Jesús, su propia revelación caminando con nosotros.

Si eres cristiano, la forma de relacionarte humanamente con ese Dios omnipresente es por medio de su expresión humana: Jesús. Personalmente, encuentro que la relación personal con Dios llega al nivel máximo que un ser humano es capaz de experimentar en esta Tierra mirando a Jesús como esa imagen visible de Dios.

> Jesús, por tener dos naturalezas, la humana y la divina, es el medio infalible para que un ser humano pueda llegar a ver su rostro. Todos tenemos dos naturalezas, pero Hijo de Dios es quien reconoce que es uno con Dios.

«El Padre y yo somos uno solo».[11]

DIOS ES MISERICORDIA

El Espíritu Santo es el dador de vida, la corriente que nos toca a todos. El Cristo interior que permea el universo. Dios nos ama inmensamente; si queremos a nuestros hijos con nuestro amor imperfecto, imagina cuánto más nos amará Dios. Como buen Padre, y porque no es Aladino, no nos concederá todo deseo, sólo concederá lo armonioso, no solamente para nosotros, sino para todos en su creación. Por otra parte, como tenemos libre albedrío, si nos alejamos de él, en ocasiones permitirá nuestros errores para que aprendamos de las consecuencias de nuestros actos y, de esta manera, nos acerquemos más a él. No es un castigo, pero si es que acaso el resultado de un error te hace regresar a Dios, será lo más importante que te habrá ocurrido, porque esta vida es sólo la puerta de entrada a nuestra verdadera vida: la eterna.

SOMOS IMAGEN Y SEMEJANZA DE DIOS

Dios es completo, bueno, perfecto, amor, el mal no le toca, no tiene competencia. Nos sostiene en sus brazos y nos da la vida misma, nos

---

11. Juan 10, 30.

dio el deseo para regresar y participar junto a él en la Creación. Nosotros somos parte de Dios, por lo tanto, tenemos sus cualidades. Alinearnos con su plan y con su inteligencia conlleva humildad, pero también orgullo de ser hijo de un rey, y el reto más grande del ser humano es permitir que se haga su voluntad, porque al final es el único que sabe cómo funciona todo esto.

Este entregar es el primer paso para encontrar a Dios y tener la paz que buscamos. Prometemos a nuestra alma no negar ni olvidar la existencia de Dios aquí en la Tierra, porque negarla sería como negarnos a nosotros mismos; prometemos no olvidarlo, porque sería olvidar el propio sentido de la vida.

Prometo no olvidar a quien me envió, pero en el peor de los casos de rebeldía, prometo al menos crear una apertura para recordarlo, la cual logramos por medio del poder más grande del ser humano, que es la voluntad para decir a ese Dios y ese orden mil veces si es necesario: bien, Dios, me rindo, en mi duda no sé si existes, pero haz tu voluntad y muéstrame lo mejor para mi alma. Me olvidé, pero aquí estoy para regresar, estoy dispuesto. Muéstrame tu rostro, son las palabras que en un instante organizan el caos y lo convierten en orden y armonía para todo aquel que le llama.

«Me rendí y un día acepté que Dios es Dios».[12]

—C. S. LEWIS

---

12. C. S. Lewis: *Surprised by Joy.* Mariner Books, 2012, p. 228. (Trad. cast.: *Cautivado por la alegría.* HarperOne, 2014, cap. XIV, e-book).

5
CAPÍTULO

Prometo *hacer* la voluntad de Dios

«El libre albedrío es el poder que Dios te da
para regresar a Él una y otra vez».[1]

—SHARON M. KOENIG

Dios creó incontables formas orgánicas e inorgánicas en la Tierra, entre ellas un mundo mineral, un reino vegetal y uno animal, todos ellos siguen el tempo de la sinfonía de Dios sin tener la alternativa de ir en contra de su director. Las aves no eligen viajar al sur, rinden sus alas a las directrices del viento; las hormigas no eligen seguir a su reina, se rinden a su monarquía; las rocas no eligen su lugar, se rinden a ser pacientes testigos de la creación. El girasol siempre mira al Sol, la marea siempre responde a la Luna.

¿Cómo sería nuestro mundo si el ser humano no tuviera otra alternativa que rendirse al plan de Dios? A veces pienso que habernos dado este privilegio de elegir fue una muy mala idea de nuestro Dios, porque el mayor regalo y el mayor tormento del ser humano es precisamente la libre elección. Es una responsabilidad muy grande, pero al mismo tiempo tenemos pavor de Dios, al olvidar que hizo todo bueno, y según el Génesis, así lo hizo: «Vio Dios que todo lo que había hecho… era bueno».[2] Desde nuestros comienzos teníamos la posibilidad de disfrutar de absolutamente todos los beneficios que nos brindaba el paraíso,

1. Sharon M. Koenig, *Los ciclos del alma. El proceso de conexión* (Barcelona, Obelisco, 2022).
2. Génesis 1, 31.

no un lugar, sino un estado perfecto de unidad, pero también nos dio la libertad; si no nos hubiera dado la libertad, entonces todavía estaríamos allí y en ese estado, pero la paradoja es que si no pudiéramos elegir, entonces no seríamos verdaderamente libres, tampoco reflejaríamos su imagen. Seríamos autómatas, pero Dios nos ama demasiado para privarnos del derecho de la libertad, nos hizo sus hijos, pero al que se le dan grandes dones, igualmente se le dan grandes responsabilidades.

Si no pudiéramos elegir el mal, tampoco tendríamos la posibilidad de elegir el bien.

EL DÍA EN QUE NUESTRA VOLUNTAD LO CAMBIÓ TODO

Originalmente fuimos creados para vivir en armonía con nuestro Dios, y de acuerdo a muchas narrativas del origen del mundo, hubo una división.

En ese momento, los seres humanos tuvieron un abrir de ojos, o más bien se les cerraron, dice el Génesis que se dieron cuenta de que estaban desnudos, en otras palabras, por primera vez tuvieron conciencia de sí mismos. Nació el yo, y se vistieron con las ropas del ego y perdieron la inocencia. A partir de entonces, la consecuencia natural fue desterrarnos del Edén, de la unidad. Nos separamos de Dios no por castigo, sino por nuestra elección. Ese día nació la conciencia de la vejez, el sufrimiento, la enfermedad, el dolor y la muerte, porque sólo Dios es vida y es eterno. No fue un castigo. No nos dijo: «Si comes del árbol, te mato»; dijo: «Si comes del árbol, morirás».[3]

No es una historia demasiado lejana de nuestra realidad, en medio de la unidad, tomamos una conciencia diferente, y aprendimos a ver la dualidad de las cosas. El árbol del conocimiento nos llevó a ver todo dividido entre el bien y el mal. Si leemos bien, no hubo tal manzana,

---

3. Génesis 2, 26-20.

pero fue la mejor forma para nuestros ancestros expresar verdades imposibles de comprender con el intelecto.

¿CÓMO REGRESAR A LA ARMONÍA?

Dios quiere ayudarte, pero como tienes libre albedrío, sin tu consentimiento no podrá protegerte de los golpes que tú mismo puedas darte por las propias elecciones equivocadas. Para que Dios entre a tu vida sin restricciones, primero necesitas hacer una invitación voluntaria.

Nuestro derecho de elegir es irrevocable, a pesar del riesgo de escoger en contra del bien común y de la voluntad del mismo que nos dio ese privilegio. Una pregunta que salta a la lógica es que si Dios es un ser tan poderoso, ¿por qué es necesario cederle nuestra voluntad? ¿Por qué nos permite cometer errores? ¿Por qué simplemente no toma nuestra voluntad, arregla todo, previene todo y nos evita tanto dolor? Es una pregunta que se han hecho todos los padres y teólogos de la Iglesia.

¿Por qué Dios no interviene si sabe que estoy errando? Dios está sobre sus leyes, pero no interviene en ellas; de la misma forma que no evita que se forme una tormenta en el desierto, tampoco evita que formes un gran caos. Muchas veces, aunque la vida nos envía señales y ayuda, no interviene directamente en tu libre albedrío, pues iría en contra de la propia ley, y si no pudieras elegir, ya no serías hecho a «su imagen». Lo que sí es cierto es que Dios no castiga, pero si cada error y cada caída se convierte en una excusa para el regreso, hemos ganado más que perdido.

Un niño aprende más por las consecuencias de sus actos que por un sermón. ¿Cómo regresar? ¿Cómo hacer para que mi libre albedrío logre aceptar la meta de Dios por encima de la mía?

La voluntad de Dios no es capricho de un ser intransigente; es la obra maestra y el plan de un ser maravilloso y omnisciente.

¿Por qué tenemos miedo de entregar la voluntad? Como nos han dicho que Dios es un ser vengativo, equivocadamente pensamos que mientras no estemos dispuestos a entregarle todo, mantendremos control sobre algunos de nuestros intereses.

Entregamos algunas cosas, pero sólo aquello que no es nuestra prioridad. Mientras más apego a un área de nuestras vidas, más difícil resulta entregarla y más reto nos traerá la ansiedad de perderla, precisamente por la falta de armonía que produce lo que no ha sido entregado del todo, como la angustia, el apego y la ansiedad. Meditaciones, largos rezos y penitencias no funcionarán si no invitas a Dios y le entregas aquellas áreas de vida que no están en tu más alto bienestar. La clave es que se necesita entregar, pero hacerlo desde la perspectiva de su amor, no desde el temor.

Tienes libre albedrío y libertad, pero la paradoja es que, para utilizarlos para el bien, necesitas contar con él.

Sólo tú tienes la llave para hacer esta entrega, pero es muy difícil dejar ir por nosotros mismos sin recaer o justificar lo que no nos conviene. Caer y seguir atado es el resultado de aferrarte a la soberbia de decir: «No estoy dispuesto», «Puedo solo».

Salir de tus apegos y ser libre es tan sencillo como decir: «Ayúdame, te entrego, te permito». La ayuda entonces puede venir por medio de sus emisarios, aquellos que también hayan pedido y estén conectados a su voluntad.

Vivir en la voluntad de Dios no significa que no tendrás tormentas, significa que navegas junto al mejor capitán del universo.

UNA VIDA NUEVA POR MEDIO DE LA VOLUNTAD

Dios intervendrá con toda su fuerza en tu vida cuando lo invites y le des tu consentimiento, es tan simple como eso. El resultado serán los milagros que ocurren no por magia, sino por una gran fe. Si lo invitas y dices las palabras poderosas de Jesús: «Padre, haz tu voluntad», él también abrirá mares por ti.

PERMITIR LA VOLUNTAD

No es fácil aceptar la voluntad de Dios cuando quizás no concuerda con tus propios planes o deseos. A veces eso que queremos no es lo mejor para nosotros, y dejar atrás nuestros apegos puede traer tristeza y dolor, como cuando debes dejar ir algo que no te conviene y por hábito piensas que lo necesitas. A veces, las bendiciones no llegan antes porque nuestro mismo libre albedrío insistentemente escoge un camino equivocado, los deseos entonces intervienen y retrasan nuestro bien y la voluntad de Dios.

La vida que deseas siempre palidece al lado de la vida que Dios tiene diseñada para ti.

Sufrir no es lo mismo que sentir tristeza, se sufre cuando nos torturamos por apegarnos de forma enfermiza a lo que no es saludable. Entonces es necesario decir:

Señor, dame la voluntad y la sabiduría para sólo querer tu voluntad. Hoy te entrego mi mente, mis emociones, mis manos, mi voz y mi espíritu para ser tu instrumento, y te invito a sanar todas las áreas de mi vida. Amén.

La diferencia entre la persona común y la que tiene fe es que la que tiene fe tiene paz, aunque no salgan las cosas a su modo, porque acepta la gran obra y sabe que detrás de ella, y aunque no la comprenda, existe un gran plan maravilloso y un orden que se revela cuando invitamos conscientemente a Dios, y liberamos nuestra propia voluntad de las garras de nuestros deseos a cambio de los suyos.

La sabiduría es poder reconocer la voluntad suprema en medio de todas las distracciones.

¿QUÉ SIGNIFICA VERDADERAMENTE: «HAZ TU VOLUNTAD»?

Lo que se entrega a la voluntad de Dios tiene su tiempo, pero entregar no es sinónimo de «no actuar», todo lo contrario, la voluntad de Dios es puro amor en acción. Cuando por tu libre elección invitas y das este permiso a Dios, las puertas del cielo se abren para ayudarte.

El amor sin acción es sólo una ilusión. Una linda palabra, un elemento abstracto. Amar es un verbo y requiere acción para que tenga sentido.

Jesús nos mostró los más grandes milagros dando las gracias de antemano por la voluntad de Dios. La entrega no significa abandonar el derecho de elegir, ni dejar de actuar, ni de tener sueños, ni dejar de ser responsables en nuestra vida; sino tener la humildad de pedir la sabiduría para que ese poder de elección que tenemos sea guiado por una fuerza mayor que lo dirija no hacia nosotros, sino hacia la más alta expresión de Dios.

La oración «Haz tu voluntad en la Tierra, como ya es en el cielo» del padrenuestro, significa que en ese cielo que esperamos ya todo coexiste en la voluntad de Dios.

LOS 7 PODERES QUE TE DA EL LIBRE ALBEDRÍO

No puedes controlar todas las circunstancias de tu vida, pero mira todo lo que sí puedes hacer con los 7 poderes de tu libre albedrío alineado al de Dios:

1. El poder de aceptar y responder con dignidad a las experiencias que te trae la vida.
2. El poder de dejar ir los pensamientos que te quitan la paz.
3. El poder de elegir ver las cosas de otra manera.
4. El poder de entregar a Dios lo que no puedes cambiar.
5. El poder de actuar y cambiar lo que sí puedes cambiar.
6. El poder de elegir, cada segundo, el perdón en vez del rencor, el amor en vez del odio, la fe en vez del miedo y la paz en vez de la discordia. Recuerda que…
7. Dios siempre te da el poder y la gracia (no importa tu error, limitación o circunstancia) de regresar a él para comenzar de nuevo al elegir su voluntad.

EL PODER DE LA PAZ INTERIOR

Muchos tememos pedir la voluntad de Dios, en cambio damos nuestro poder a los demás para que ellos decidan cómo debemos sentirnos en cada momento. En realidad, se nos olvida que los únicos que verdaderamente tenemos el poder para evitar que experimentemos la paz interior, al alejarnos de Dios, somos nosotros mismos.

> Sólo soy libre de elegir el camino correcto cuando tú eres mi guía, de otra manera se apoderan de mí reacciones motivadas por algo exterior.

Todos creemos en algo, y si no creemos en Dios, sin saberlo, le cederemos nuestro control a personas o cosas de este mundo, motivados por el placer, el orgullo, los sentimientos y la seguridad.

Prometo recordar que sólo tu voluntad es mi bien. Sólo soy libre de elegir cuando creo en ti y estoy libre de mis propios deseos, pero totalmente dependiente de la guía divina. Hoy solamente elijo lo que tú eliges para mí; tu luz es mi guía; tu llamado es mi paz. Amén.

PASOS PARA ENTREGAR A LA VOLUNTAD DE DIOS

No podemos elegir nuestro origen, pero siempre podemos elegir un nuevo destino, al armonizarnos con su más alto potencial para nosotros, invocando su ayuda y su guía en cada momento de la trayectoria.

1. En el camino de la entrega de la voluntad, el primer requisito para la paz es amar a Dios sobre todas las cosas. Se necesita tener un Dios personal a quien entregarle y decirle: «Haz tu voluntad». Encuentro que el verdadero secreto de entregar es hablar a un Dios personal. Padre, como le llamaba Jesús. ¿A quién más vas a entregar tus hijos, tu familia, tu salud y tu alma?
2. Pide y permite a diario que se te muestre la voluntad de Dios. Entrega todas las áreas de tu vida, especialmente aquéllas en las que tengas más dificultad para hacerlo. Entregar es un trabajo diario. Hazlo a través de la oración y de dos palabras sencillas: «Te permito o te entrego». El padrenuestro es la oración más poderosa para hacerlo.[4]

---

4. Lucas 11, 2-4.

3. Cambia tus deseos por preferencias; en otras palabras, deja ir tu necesidad de obtener un resultado específico para lograr una supuesta felicidad. Nada pasajero puede ser la fuente de la felicidad, y en este mundo, todo, salvo Dios, es temporal.

4. Si tienes ansiedad con respecto a cualquier circunstancia, una vez más debes entregárselo a él, y dejar ir aquello que claramente no está en tu plan, sean ataduras a creencias, pensamientos, rencores, necesidad de ganar, cosas o personas.

Como no puedes ver sin los ojos de Dios, necesitas estar dispuesto a permitir que se te revele lo necesario para cambiar y soltar tu reto a él, luego confiar y dar gracias. Ten paciencia, a veces elegir es un proceso y no un momento.

Cuando caminas en la voluntad de Dios, habrá momentos en que podrás sentirte perdido; pero al menos tendrás la certeza de caminar junto a la mejor compañía y hacia la dirección correcta.

CONFIAR EN LA VOLUNTAD

Una vez que entendemos que su plan es superior al que habíamos imaginado, vamos obteniendo fe y confianza, al darnos cuenta de que es mejor armonizarnos con su plan que tratar de imponer el nuestro. Alguien nos mintió y nos convenció de que la voluntad de Dios era terrible, pero no es cierto. La evidencia te mostrará, con sus milagros, que Dios siempre tiene una mejor alternativa.

Aunque desee lo opuesto, prometo hacer la voluntad de quien me envió.

Entregar a Dios es invitarle a que nos ilumine la mente para tomar el mejor camino. Al principio invité a Dios con cautela; no niego que no fue fácil entregar muchas cosas, cuando pensaba que si usaba los pensamientos para atraerlas, al fin las obtendría. A veces todavía no es fácil entregar mis sueños, pero he podido confirmar por medio de una irrefutable evidencia que sus ideas siempre son mejores que las mías. Entonces, la duda se disipa y una enorme certeza de protección ocupa su lugar.

PARA RECONOCER SI ES LA VOLUNTAD DE DIOS

1. Mirar en tu interior. A esto lo llamo el con-paz (compás); observa si hay paz en tu ser, o ansiedad. Siente tu cuerpo. Si tienes el estómago, el pecho o el cuello tensos, mira con calma qué está sucediendo.

2. Si te falta armonía, y tienes accidentes, enfermedad y dramas constantes, mira bien si estás en su voluntad, o aferrado a un rencor o una elección equivocada.

3. Usando tu imaginación, colócate mentalmente en el lugar de cada probabilidad y observa cómo te sientes en cada una. ¿Cuál es el mejor escenario? ¿El peor? ¿Cuál te da más paz?

4. Si no te sientes seguro, espera y pide a Dios más claridad, que te envíe una señal irrefutable para saber la verdad (esto conlleva mucha valentía).

5. Haz una lista, y en un lado enumera las cosas a favor y en el otro, las cosas en contra, de esa elección o situación. A veces tenemos una fantasía de lo que queremos o de lo que es, y llenamos nuestros blancos mentales con falsas expectativas. Escribir trae lo irreal a la luz; al verlo en el papel, en blanco y negro, podemos razonar.

6. Siéntate en silencio. Abre la Biblia para conectarte con su Palabra. Encuentro que por medio de ella siempre habrá un mensaje al que se puede llegar a través de sus páginas.

7. Los sentimientos, cómo nos sentimos, no siempre son una buena brújula para el camino; cambian constantemente, y por la noche pueden decirte que vayas hacia el norte, cuando quizás Dios y tu razón saben que es mejor ir hacia el sur. Cuando nuestra alma, men-

te y corazón están de acuerdo, entonces reconocemos el camino, sin lugar a dudas.

Una parte importante sobre reconocer la voluntad de Dios es aceptar que a veces no sabrás el camino y que es muy posible y natural que cometas errores. El miedo a errar puede llevarte a vivir paralizado, pero necesitas tener la paz incluso si fallas, Dios te brindará bendiciones.

Para poder elegir el bien es necesario poder reconocer lo que no lo es. Muchas veces no sé hacia dónde voy, pero con Dios sé perfectamente a dónde no quiero regresar...

¿Cuál es la voluntad de Dios? En una oración y de manera simple, Jesús nos mostró que la voluntad de Dios consiste en vivir en comunión con él, en amarle y en elegir su voluntad sobre todas las cosas de este mundo. Dios igualmente nos mostró amar al prójimo como a nosotros mismos, esto evita que nuestra propia voluntad afecte a otros negativamente. La verdadera felicidad se manifiesta en amor hacia los demás, conexión con la paz de Dios y su ayuda a que otras personas puedan hacer lo mismo. Todas las demás elecciones surgen de esta primera premisa.

La mayoría de las veces que queremos algo no consideramos las opciones anteriores, sino nuestro propio beneficio desde lo que nos sienta bien o nos proporciona seguridad temporal en este mundo, pero mientras tú sólo puedes ver el ahora, Dios es capaz de ver el futuro. Si tu trabajo, tu relación, tus pertenencias y tus deseos van opuestos al plan del alma, es necesario reconsiderar las premisas.

EL JUICIO NO ES ENJUICIAMIENTO

Hacer la voluntad de Dios, no es dejar de pensar por ti mismo. Para elegir, se necesita discernimiento, para lograrlo, utiliza las herramientas que Dios te ha dado: tu juicio, tu razón y tu intelecto, a menos que ellos estén afectados por una enfermedad o controlados por el adoctrinamiento de terceros o una adicción. Debes ser responsable, que no es lo mismo que sentirse culpable, sino sentir y asumir, para luego pedir que la guía de Dios ilumine tu mente y tu corazón.

Confiar en Dios es recordar que él es único, es bueno y no tiene competencia. El mal no coexiste junto a Dios, no hay tal guerra, el mal es el resultado de nuestro alejamiento de él.[5] La oscuridad es la falta de luz. El mal es la falta de Dios.

Caminamos sumergidos en un mundo confuso; Dios es nuestro periscopio, sólo él puede ver por encima de las aguas turbias. No camines con miedo, Dios ya venció el mal, pero en la Tierra debes mantenerte alerta contra los engaños, la negatividad y hasta el propio miedo. Implora a Dios para que te muestre; el cerebro está diseñado para protegerte por medio de sus asociaciones. Los pensamientos negativos tratarán de engañarte a través de tus propias debilidades, sea falta de valentía, de fe, de seguridad en Dios o de confianza.

¿CÓMO VOLVER A SU VOLUNTAD?

La voluntad de Dios es que retomemos su imagen y seamos a su semejanza. Los cristianos lo hacemos por medio de Jesús, uniendo nuestra voluntad a la de él, que a su vez nos recuerda la perfecta imagen de Dios.

La paz de la que hablaba Jesús es diferente, es una paz que «sobrepasa todo entendimiento»,[6] como dicen los evangelios. La paz que sientes es la primera señal de estar en buen camino, contrario a la ansiedad, la que nos muestra que retomamos nuestra propia guía personal, limitada por nuestros sentidos, nuestros apegos y nuestros deseos. Cuando esto suceda, simplemente se debe decir: «Me entrego de nuevo a ti, Jesús. Me dormí, pero ya estoy despierto».

---

5. Marcos 10, 18.
6. Filipenses 4, 7.

El gran secreto de la vida está en poder descubrir día a día y en medio de tanto ruido e interferencias sensoriales cuál es el camino verdadero que él ha trazado para ti.

Aunque no esté libre de retos, el camino verdadero fluye; sin embargo, el camino incorrecto siempre está «atascado», porque mientras más lo recorres, menos paz tienes. A veces hace falta tenacidad, pero otras sólo es necesario soltar. Cuando soltamos, lo entregado fluye, aunque no siempre irá hacia el lugar que queremos. No es castigo porque él siempre hará lo mejor para todas las partes a pesar de que no puedas verlo.

La buena voluntad trae paz; la mala voluntad, desarmonía. Una encomienda que es el trabajo de una vida será elegir el regreso a Dios, segundo a segundo. Elegir sin entregar es errar a cada paso.

«En la Tierra, paz entre los hombres (de buena voluntad)».[7]

¿QUÉ SUCEDE CUANDO ENTREGAMOS?

Todos tenemos una cadena sujeta a algo que no estamos dispuestos a entregar y que es precisamente la que no nos deja avanzar. Para que guíe la luz, no nuestros deseos ni reacciones automáticas, tenemos que entregar voluntariamente el control que, de todos modos, no tenemos.

La fe no es un camino fácil. Confiar en Dios es creer en lo que no vemos, es cuestionar lo que vemos y entregar lo que pensamos que queremos.

7. Lucas 2, 14.

Quizás sobrevivas sin la guía divina y con tu propia voluntad limitada, pero aquí no hablamos de sobrevivir, sino de vivir para cumplir tu más alto propósito en la Tierra y la salvación de tu alma cuando estés en el cielo.

La virgen María cambió la historia cuando dijo las palabras más poderosas al ángel enviado de Dios «Hágase tu voluntad y no la mía».[8] La virgen es el humano que más cerca está de Jesús y de Dios, y es «más honorable que los querubines», dice la divina liturgia de san Crisóstomo. Pidamos su oración, tal como nosotros oramos por otros.

Dejar ir lo pequeño para recibir lo grande que Dios tiene para ti.

Se dice que hay que morir para vivir, de hecho, necesitamos morir a los viejos hábitos. Como una mariposa que esté lista para salir de su capullo, o un bebé de los brazos de su madre, lo importante es estar dispuestos a dejar atrás la etapa de comodidad y protección, dar las gracias por las experiencias de aprendizaje que nos maduraron en el pasado y dejar ir la crisálida para abrirnos a la oportunidad de renacer en otro cuerpo, con nuevas alas para volar.

Cada cual tiene su reto, quizás la crisálida sea miedo, falta de perdón, una enfermedad, una circunstancia, una excusa, un amor imposible, la soledad o un pensamiento de limitación. Hoy es un buen día para hacernos la pregunta: ¿qué impide que pueda volar? Pues quien no se cuestiona no crece, o mejor dicho, no sale de su estado de gestación para encontrar nuevas oportunidades, nuevas tierras, nuevas experiencias, nuevas relaciones para una nueva vida. Solos no podemos, necesitamos llamar a Dios. ¿Estás listo para hacer ese llamado?

Padre, hoy te llamo, te permito, te imploro para que tomes toda la angustia y siempre camines a mi lado, aunque yo a veces me olvide de tu presencia.

---

8. Lucas 22, 42.

Después de años con *El proceso de conexión,* que es la práctica de la entrega de la voluntad que muestro en el libro *Los ciclos del alma,* encontré que en las palabras «haz tu voluntad», unidas a la acción de caminar hacia él, se encuentra la llave para esta intervención divina en tu vida, la llave maestra que abre el paso al manantial de sus bendiciones. La mayoría de las personas llegan a estas palabras que desatan su gracia no por voluntad, sino por puro accidente. El cambio usualmente sucede cuando una crisis nos hace tocar fondo y nos damos cuenta de que poco podemos hacer por nosotros mismos. «Haz lo que quieras» es usualmente el grito de desesperación que desata el código secreto para permitir la entrada a Dios. Los milagros de sanación comienzan a desarrollarse después de bajar las armas y rendirnos de rodillas. La mayoría no entregamos hasta que nos remueven las muletas falsas que nos mantienen de pie, como la seguridad, la salud, el dinero, una relación, una posición de poder o una falsa creencia. Muchos nos rendimos y llamamos a Dios sólo cuando hemos sido golpeados y derribados por nuestras propias elecciones equivocadas.

Existe una sola solución: regresar por nuestra propia voluntad y por el mismo libre albedrío que Dios nos dio.

No es necesario esperar lo peor para llamar a Dios y solicitar su intervención, igualmente puede pedirse cuando todo va bien; cuando estamos de pie antes de entrar al cuadrilátero de los retos. No es fácil pedir ayuda cuando todo va como queremos, pero cada día es una oportunidad para renacer. Aunque pensemos que las cosas ya van como queremos, siempre hay un espacio para crecer.

Existen dos formas de sentir vacío: una cuando lo pierdes todo y otra cuando lo tienes todo y aún sientes que falta algo importante.

Toqué fondo varias veces, pero nunca lo suficiente como para entregar mi control; cuando perdía algo siempre encontraba la manera de sustituirlo con una nueva ilusión y, aunque no lo crean, hasta un sueño puede interferir con su verdadero destino.

A medida que continuamos caminando con Dios, sanaremos, seremos más felices y sabremos elegir mejor. Invitar a la gracia del Espíritu Santo es la mejor vacuna contra las distracciones que reinan a nuestro alrededor, pero necesita el refuerzo de constante oración, silencio, comunión y perdón. A cambio de nuestro compromiso, Dios nos incrementa la dosis de fe, esperanza y amor.

Si le permitimos, Dios planificará nuestras citas y nuestros proyectos, también nos inspirará hacia un cambio de dirección. Su amor será por siempre nuestro faro.

CAPÍTULO 6

Prometo *no perder* la fe y confiar en él

Vivir en un estado de paz significa no dudar que tendrás
oxígeno para tu próxima inspiración, de la misma manera
que confiarás en que Dios estará allí para brindarte
la próxima solución.

La mayoría de las personas piensan que la fe es creer en algo ciegamen-
te, pero su significado verdadero nace de *fides,* y se refiere a servicio
y lealtad; las palabras «fidelidad» y «confiar» tienen la misma raíz en
latín. Las palabras tienen poder, y dentro de ellas se encuentran las
etimologías olvidadas que nos regalan la pista de un sentido más profundo.

¿Fiel a qué y a quién? Tener fe significa ser fiel a Dios, al plan de
nuestra alma; leales a nuestro ser auténtico, a quienes somos realmente;
fieles a nuestro propio corazón, a nuestros principios y más altos valores. Es ser verdaderos con la voz interna que hace eco a la voz de Dios
en tu corazón.

La fe crece cuando eres leal a tu relación con Dios, a pesar
de que tu mundo no se vea perfecto.

Es muy fácil tener fe cuando todo va bien, pero la fe nada tiene que
ver con resultados y demostraciones de Dios hacia nosotros. Existen
dos tipos de «creer», uno implica duda e, inadvertidamente, sugiere que

algo quizás no existe. «Creo que va a llover por la tarde», dicen los que no tienen la certeza de la lluvia.

«Creer» tiene su raíz en la palabra «corazón», significa acuerdo del corazón. Si todos estamos hechos de la sustancia de Dios, todos tenemos ese acuerdo marcado en nuestro interior. No se puede creer en algo que es totalmente ajeno a nosotros. Creemos porque en el fondo sabemos, y cuando no creemos es porque extraviamos la certeza sobre la existencia de Dios. Fe es reconocer la voz del alma.

«Fe es tener la plena seguridad de recibir lo que se espera; es estar convencidos de la realidad de las cosas que no vemos».[1]

Cuando escuchas hablar de la fe, por lo general te das cuenta de que está vinculada con algo superior a nosotros. Cuando caminas con Jesús, la fe es despertada por el mismo Espíritu Santo, que nos revela y refuerza la fe en el verdadero Dios. La fe no llega por voluntad sino por gracia a todo aquel que la pide de corazón.

VOLVER A LA FE

En esos días en los que el camino se divide y no sabemos hacia dónde caminar, cuando nuestros miedos y ansiedades nos tratan de hundir en la desesperanza, el verdadero reto es mantenernos fuertes en la fidelidad hacia Dios, que es lo que se conoce como *obediencia*, que no es obligación, sino seguir su voluntad y nuestra propia integridad. Algunos a veces nos alejamos de Dios durante épocas, en ocasiones porque dudamos y en otras porque quizás creemos que nos va bien y tememos perder lo que tenemos. Otros están en un camino equivocado e igualmente temen el castigo de Dios. Pensamiento completamente falso, porque Dios no es el responsable de todo lo negativo que ocurre en este mundo. Cada vez que algo malo sucede, decimos: Dios lo quiso, es una prueba, pero necesitamos recordar que lo único que quiere Dios es tu bien.

La fe no es un acto ciego, sino la consecuencia natural que se siente en ese momento en el que a pesar de lo que quieres, Dios se convierte en lo más importante. La fe comienza por la oración. Es cuando

---

1. Hebreos 11, 13.

pides, aceptas y actúas hacia su voluntad divina por encima de todas las cosas, sobre toda distracción o deseo. Sólo entonces encuentras la paz.

LA MARIPOSA, MAESTRA DE LA FE

La mariposa es una maestra de la comunión con Dios, que es la fe y la certeza de confiar y dejarse llevar. Un día, mientras caminaba por una playa en Nueva York, para mi sorpresa vi cientos de mariposas que volaban sobre las olas del mar, parecía que llegaban de muy lejos, lo más curioso era que bailaban sobre un viento que podría ser mortal para su tamaño.

Quisiera tener la dirección y la certeza de los hijos de Dios en la naturaleza, me decía: ¿cómo la mariposa está tan segura de que después de atravesar continentes y océanos ha recorrido la ruta correcta para llegar a su destino? A veces sonrío sola pensando que gracias a Dios las mariposas no tienen intelecto como los seres humanos, de otra manera, tal como nosotros, dudarían a cada segundo, o peor aún, quizás se dejarían confundir por la ruta de las gaviotas.

¿Te has preguntado cómo puede una mariposa llegar a su destino para aparearse con una pareja que nunca ha conocido, en el preciso momento y al otro lado del mundo sin un sistema de navegación sofisticado, sin Internet, sin mensajes de texto, sin un equipo que la proteja de las inclemencias, sin combustible ni energía? ¿O es que ellas saben algo que nosotros no sabemos o que quizás hemos olvidado? La mariposa no puede elegir, su libre albedrío está condicionado a la voluntad de Dios. ¡Qué suerte!, o sea, no tiene otra alternativa que descansar en la abundancia de los brazos del Creador que todo le da, todo le suple, todo le brinda; desde una pareja, hasta el néctar que la alimenta, la dirección de su viaje, el mismo viento que la acuna, un propósito y hasta un inquebrantable desprendimiento a la hora de partir. No siempre llegará con vida a su destino, pero eso nunca evitó que cruzara un continente ni un océano.

¡Qué envidia les tengo a las mariposas, más que fe, anhelo su certeza, su confianza en Dios y su conocimiento de los ciclos y el orden! Sufrir es resistir la guía, mientras que la paz es simplemente aceptarla. Nuestros pensamientos de preocupación han invadido nuestra mente, pero él, tal como a la mariposa, la sanará, abrirá tus caminos, quitará todo obstáculo y te elevará por encima de las montañas hasta llegar a su meta para ti. El camino de Dios es un camino de paz, aunque no libre de retos.

La mariposa no lucha contra el viento ni las tormentas, simplemente se eleva por encima de los obstáculos. En su viaje, quién sabe las aventuras y los sucesos que encontrará, pero no importa, porque ella sólo abre las alas y las hace reposar en las corrientes divinas. Dios la lleva a puerto seguro atravesando continentes y océanos, aunque a veces parezca que las ráfagas y las tormentas la llevan en sentido contrario a la dirección de su sueño y propósito.

A pesar de que su travesía sufra retrasos interminables, siempre se deja llevar y continúa su viaje. Si por el contrario la mariposa resistiera la corriente, moriría, sus alas se romperían, toda su energía se perdería. Lo mismo hacemos nosotros, luchamos contra el viento en vez de descansar en los brazos perfectos de nuestro Señor.

La fe es creer en nuestro origen y creer en nuestro destino final, es creer en su cielo sin haberlo visto aún. La fe no tiene que sentirse, no tiene que ser grande; como una pequeña semilla, sólo debe cultivarse. Mientras no se siente, la fe se elige hasta que se hace real. Finalmente, Dios mismo la coloca en tu corazón. A veces siento duda, pero a la vez tengo certeza. Primero se cree, luego llega la fe. El primer grano de la fe puede ser una elección tímida de nuestra parte, mientras que alimentar esa fe es un gran regalo del mismo Dios.

Tener fe es creer sin evidencia. Por ejemplo, sé que hay vida después de la vida, que Dios existe, que me escucha, que me ama. Todo lo demás, incluyendo la paz, es resultado de la fe, aunque sea muy pequeña. La certeza no es tener la seguridad de que recibirás lo que quieres; eso no es confiar, sino depender, y la dependencia sólo trae ansiedad, mientras que entregarse a su voluntad siempre trae paz. La fe es una gran gracia que se recibe con sólo una pequeña semilla de mostaza de esperanza. Hoy prometo que jamás perderé la fe.

El resultado de cultivar la fe y la confianza es la paz. No podemos sentir verdadera paz si no confiamos en Dios y no le escuchamos. Para creer se necesita conocer, pero no es necesario entender. Se conoce a Dios como un amigo, hablándole normalmente, porque él te escucha.

Es un mayor riesgo colocar nuestra fe sólo en lo que vemos, porque todo lo que vemos, sin excepción terminará. Solamente perdura lo que no se ve: el alma, Dios, el cielo, el amor, la eternidad. Apostamos a la seguridad de un trabajo o a una pareja, pero se nos olvida quién nos da todo sustento. La ansiedad viene porque la mayoría de nosotros colocamos toda nuestra fe en lo efímero. ¿Qué más incierto que el futuro, que un trabajo, que la vida misma? Sólo Dios es nuestro refugio seguro.

CONFÍA, LOS RETOS SON PARA ABRIRNOS LOS OJOS

La peor ceguera no es la del que no puede ver, sino la del que ni siquiera sabe que no puede ver. A veces estamos ciegos y lo peor es que pensamos que vemos perfectamente. Como en el caso de mi constante negación de la necesidad de utilizar gafas para leer; me sucedió hasta un día en que surgió la necesidad de leer un menú con poca luz y alguien me ofreció sus lentes. De pronto me di cuenta y me asombré de la enorme diferencia en la calidad de mi visión al tener tan simple pero tan poderosa herramienta: lentes con aumento. He escuchado la misma historia en muchísimas personas que no quieren operarse de la vista. En su cabeza se imaginaban que veían perfecto y ahora no pueden creer la claridad, los colores y la definición de los objetos. Así mismo nos sucede cuando Dios nos abre los ojos.

No podemos ver ni podemos opinar sobre aquello que no hemos tenido la oportunidad de comparar con algo mejor o peor. Por esa razón, a veces Dios permite (no provoca) que experimentemos retos o nos muestra posibilidades a través de nuevas experiencias para poder tener la oportunidad de discernir. Se discierne por la sabiduría divina, no por el miedo. Dios conoce de antemano los desenlaces de todas las situaciones, por eso es necesario cerrar los ojos en demostración de fe y confiar en él, aunque hoy no puedas verlo.

Dios, eres mi lente de aumento para ver claramente toda situación. Muéstrame mi Dios, que hoy quiero ver.

Después de practicar la entrega de aquello que más deseas, a la voluntad de Dios, ¿cómo puedes enfrentarte a la espera mientras se cumple tu anhelo? ¿Cómo haces para dejar de pensar en lo que tanto deseas? A veces oramos y pedimos, y de pronto todo se detiene, aparentemente... Cuando sientas esa calma, esto significa que el trabajo espiritual está tomando fuerza antes de mostrarse en nuestro plano. En esos días de pausa, cuando ya estás cansado de tanto pedir, cuando parece que nada pasa, Dios trabaja para ti.

Mientras esperas nuevas instrucciones desde el cielo, dedícate a seguir rociando y alimentando tu semilla interior, siempre alerta de tus pensamientos y sin estar impaciente ni aferrado a los resultados. Toma este momento de descanso para unirte aún más a él y dedícate a agradecer, a vivir y atender las simples situaciones del día a día. Adorna tu hogar con flores, arregla el grifo que hace tiempo que gotea, lleva a tu mascota al veterinario... Sí, la vida a veces es rutinaria, pero al margen de estas gestiones aparentemente sin importancia se manifiestan milagros cuando menos te lo esperas. Dios está trabajando en tus cimientos para que puedas recibir lo que viene, lo que puede llegar súbitamente y sorprenderte.

La fe es la certeza de saber que la noche más oscura del alma no puede resistirse al primer rayo del amanecer.

Sentirte impaciente, agobiarte o pensar que no puedes esperar son indicios claros de que tu situación no ha sido entregada del todo, o que has depositado demasiada inversión emocional en ella, lo que te hará vulnerable al sufrimiento. Entregar versus aferrarse son acciones incompatibles y no pueden suceder al mismo tiempo, al final una de las dos ganará esa batalla.

La ansiedad te muestra que gana tu deseo mientras que la paz te inunda cuando vence la entrega. Al final ganan todos cuando logras soltar, porque un apego te desconecta de Dios, de ti mismo, de la razón, de la paz, de la realidad y de las demás personas, porque nada puedes ver que no sea tu deseo.

Cuando no queramos hacer la voluntad de Dios, entonces debemos recurrir a la obediencia, que es hacer lo que se debe, aunque no sea lo que se desea.

No te preocupes si estás haciendo un esfuerzo por entregar y sientes que todavía quieres controlar. Esta nueva forma de vivir toma tiempo, pero lo importante es que ya puedes identificar cuando no tienes paz, mientras que en el pasado el sufrimiento era la forma natural pero inconsciente de vivir.

La confianza que necesitas para entregar también toma tiempo, pero si perseveras verás cómo poco a poco dejas el hábito de interferir en los planes de Dios, para convertirte en su aliado, siguiendo tu corazón, enfocándote en el presente, disfrutando el ahora, confiando, soltando y agradeciendo.

Sentir paz significa sentir a Dios en todo momento; no quiere decir que no sentirás el viento en medio de una tormenta; significa que con él no te derribarán nunca sus ráfagas.

TODO LLEGA A SU TIEMPO

Puede que tengas un sueño, por ejemplo, el de alcanzar una posición, sólo para encontrarte una vez más en el trabajo equivocado, o quizás has completado una propuesta, pero ha sido rechazada. Sólo Dios sabe cuándo necesitas aprender a dar pequeños pasos antes de dar el gran salto, de otra manera puedes perder una oportunidad si tratas de forzar el momento.

Siempre tuve el sueño de escribir, aunque al principio no era yo la autora, sino que me dedicaba a ayudar a otros escritores a promocionar su mensaje. Sin duda, no era mi momento, pero sí era un entrenamiento, porque si no hubiera tenido la humildad de servirles, nunca hubiera aprendido de ellos. El tiempo pasó y un buen día comencé a escribir, y justo cuando terminé mi primer manuscrito me encontré por pura casualidad con la persona que me ayudaría a publicarlo, la había conocido precisamente promoviendo y ayudando a otro autor ¡cinco años antes! Todo tiene un plan y todo tiene su tiempo.

La fe no es la certeza de recibir lo que quieres, sino la certeza de saber que Dios siempre te dará lo que necesitas, en el preciso momento en que lo necesites.

Es curioso mirar el pasado y ver cómo los grandes dilemas de nuestras vidas del ayer poco a poco fueron disolviéndose por sí mismos. Los grandes acertijos que parecían imposibles fueron resolviéndose uno por uno, se nos olvida cómo aquellas grandes pérdidas fueron sanadas y cómo los problemas más graves fueron superados. El trabajo llegó, el matrimonio se dio o el hijo que tanto deseabas nació. Pero la mayoría sólo miramos lo que no sucedió y no agradecemos lo que sí aconteció. Lo más sanador es mirar el más grande reto desde la perspectiva del tiempo. Después de diez años, la mayoría de nuestros grandes problemas se convierten en soluciones, lecciones o bendiciones.

La paz es confiar en que únicamente Dios conoce el tiempo perfecto de las cosas. Sólo tú puedes elegir; eso sí, no puedes olvidar que sólo Dios puede conceder.

EL ACERTIJO DE LA VIDA

A veces observo a los niños mientras arman los juegos de construcción con piezas de colores. La caja en su exterior siempre muestra en una foto el resultado final, la construcción terminada; sin embargo, dentro de la caja sólo hay un mundo caótico de pequeñas piezas de diferentes tamaños y colores que no tienen aparentemente ningún sentido, pero si sigues las instrucciones (las de su creador) las podrás ir armando maravillosamente hasta completar tu obra. Antes de colocar la última pieza de esa esperada bandera que va en la proa del barco (el resultado final), necesitas comenzar con toda paciencia a colocar la base que lo sostendrá, porque un eslabón precede perfectamente a la pieza que le sigue.

Muy similar es la vida; es un mundo de piezas, eslabones y ladrillos que encajan perfectamente, para que una vez armado sobre los cimientos, puedas contemplar tu sueño. No antes de tiempo. Si tratas de adelantarte, pueden ocurrir estas tres cosas: el eslabón no cae perfectamente porque no está el anterior, se desmorona tu barco o simplemente se hunde antes de zarpar por tener demasiados vacíos donde faltan los soportes.

Todo tiene su propósito. Cada cosa que sucede o no sucede es porque tiene una fuerte razón de ser o de no ser. El futuro siempre aclara lo que hoy no puedes comprender. Confía en Dios.

Mi Dios, sabes que no soy perfecto, pero conoces que tu voluntad sí es perfecta. En medio de mi confusión te entrego todo lo que hoy me aqueja. Hoy prometo confiar en ti y jamás perder la fe.

La ansiedad de no soltar se reduce a un corazón que late rápidamente, una especie de zumbido en el cuerpo que desestabiliza, un tipo de taquicardia emocional. Sentimos un acelerar interno, porque queremos precipitar un acontecimiento, porque pensamos que cuanto más pronto ocurra ese acontecimiento que pensamos que nos hará felices, más pronto se nos irá esa sensación desagradable que no podemos controlar.

«¿Por qué voy a desanimarme? ¿Por qué voy a preocuparme? Cuando mi esperanza está totalmente puesta en Dios».[2]

La angustia es similar a la ansiedad, se siente como una opresión en el pecho, una eterna preocupación, porque es resistencia a lo que es, a lo que puede suceder o está sucediendo. Ambas vienen del apego a una idea, a cómo debe ser el desenlace de una situación o una persona. La cura no está en el desenlace que queremos, sino en cambiar la causa, en soltar el resultado que queremos y dejárselo a Dios.

Cómo decía fray Ignacio Larrañaga: «Conducimos con los frenos puestos, suelta los frenos...».

Cuando entregas todos tus desenlaces a Dios, se termina la ansiedad; es necesario discernir entre lo que se puede o no se puede cambiar, aquello que ya no tiene arreglo en nuestras manos. En las manos de Dios todo tiene arreglo.

Recuerdo que había sido un largo invierno en Nueva York y el tema de conversación de todos los neoyorquinos era constantemente el mismo: ¿cuándo llegará la primavera? Aunque formalmente llegó el 21 de marzo en el calendario, no hubo ni rastro de primavera, todo seguía seco y sin hojas, el tiempo seguía lluvioso y frío, pero un día mientras conducía mi automóvil por donde siempre estaba el paisaje de árboles secos sin hojas..., ¡sorpresa!, había flores por doquier, bellas ramas reverdecidas, pajaritos cantando, todo repleto de hojas. Saqué mi cabeza por la ventanilla del coche, «¿Cuándo salieron todas estas flores?», pregunté mirando al cielo aún gris que se entreveía entre las ramas, porque juro que el día anterior no estaban allí.

---

2. Salmos 42, 5-7.

Parece que florecen de la noche a la mañana, pero no, las semillas que renacen llevan todo el invierno trabajando, incubando nueva belleza. Algo que me llamó la atención fue que precisamente unos días antes de la llegada de la primavera, hubo una lluvia torrencial, y es que a veces:

La lluvia más abundante es la que precisamente anuncia el brotar de las flores.

En la vida sucede lo mismo, queremos algo y no pasa nada. Le pedimos a Dios y sólo recibimos una «lluvia torrencial» con más problemas, luego, sólo silencio, hasta que un día Dios nos sorprende con el esperado jardín lleno de flores; no estaban dormidas, Dios no estaba en silencio, se estaban gestando. Las cosas llegan cuando llegan, cuando dejas de esperarlas, cuando te dedicas a vivir en vez de resistir y ansiar, entonces la vida un día te sorprende. La primavera siempre regresa. La vida no es espera, es el entretanto, lo es todo.

No hay inviernos, sólo hay primaveras en gestación.

Un día me contaron de un vecino que tuvo una sana y larga vida quien falleció con noventa y cinco años lamentándose de haberse preocupado innecesariamente por tantas cosas que nunca ocurrieron. Estoy totalmente de acuerdo, si consiguiéramos eliminar el espacio y tiempo que dedicamos a preocuparnos, a lamentarnos, a arrepentirnos y a cuestionarnos, recuperaríamos valiosos segundos que jamás regresarán y que quizás en total sumen años de angustia. Dios siempre te responde, porque siempre está trabajando para ti…

Confía en que Dios te proporciona la cura mucho antes de que llegue la enfermedad.

Durante una excursión por las montañas de mi bella isla, Puerto Rico, me encontré con un campesino que vendía un ungüento natural, una extraña mezcla de plantas para curar lesiones de ligamentos y dolores musculares, con verdes hojas en alcohol. Me llamó mucho la atención y sin pensarlo lo compré segura de no necesitarlo, porque realmente no padezco de dolores musculares, me decía. Pero después de «arriesgar» mi vida por rocas y montañas sin una caída, a la mañana siguiente, distraída con el paisaje me resbalé y me torcí y lastimé el pie derecho; fue un suceso que pasó de la forma más tonta y a la vez más incapacitante, un mal paso en un escalón de tres pulgadas.

En medio del dolor, recordé el ungüento y de verdad resultó maravilloso porque bajó la inflamación por completo en menos de dos días, un tiempo que casualmente necesité para detenerme a reflexionar sobre un paso en mi vida que no debí dar. Es interesante analizar las señales que Dios muestra a través de nuestro propio cuerpo cuando no queremos escucharlo de otra manera. Dios me dio la cura antes que la lesión, porque él y sus ángeles sabían perfectamente cuándo y qué necesitaría. Dios vive fuera de las leyes del tiempo, por eso puede ver lo que sucederá antes que nosotros. Sólo tenemos que estar atentos a nuestro alrededor y escuchar las señales.

Antes de mis caídas, ya has tendido la mano que me levantará. Antes de que me hieran, tú ya has creado el bálsamo que sanará mis heridas. Antes de que surjan mis problemas y mis dilemas, tú, mi Dios, ya has preparado la solución que los resolverá. Prometo confiar en ti y jamás perder mi fe.

Antes de salir de tu hogar, acostúmbrate a enviar una oración a Dios. Espera de la mano e inteligencia de Dios lo mejor en cada situación, sin tener ansiedad. De esta manera la vida siempre te sorprenderá con la solución más conveniente y oportuna, porque Dios siempre tiene un mejor plan.

Para lograr los sueños que Dios tiene para ti, limpia las interferencias que pueda haber en tus pensamientos. A veces en la vida, el mayor obstáculo para nuestro bienestar somos nosotros mismos, pero no siempre somos nosotros los responsables de todo, porque no podemos tener todo lo que queremos; existen realidades, leyes de la naturaleza, fuerzas mayores que obstruyen, factores como el tiempo, el plan del alma de cada cual o algo que va a suceder en el futuro, mil cosas que pueden ir en contra de lo que queremos hoy. En algunas ocasiones, que no se cumplan nuestros deseos puede ser una bendición; no podemos ver el futuro, pero Dios sí puede, por eso cualquier deseo debe primero pasar por el filtro de la voluntad de Dios, y tener la confianza de que al final nada puede darse sin su voluntad.

En las palabras de Ignacio de Loyola: «Actúa como si todo dependiera de ti, sabiendo que en realidad todo depende de Dios».

Hoy prometo –no importa la circunstancia– que jamás perderé la fe y viviré en total confianza en tu voluntad, mi Señor. Puedo perder todos los tesoros de este mundo, pero si pierdo mi fe en ti, perderé la más grande riqueza de mi corazón.

CAPÍTULO 7

Prometo *perdonar* para sanar

El perdón es un regalo de amor; después de dar la vida para salvar a otro, perdonar es el acto de amor más grande que puedes regalar a otro ser humano.

El perdón es un regalo, es devolver lo que hemos quitado al que nos ha fallado. Cuando alguien comete una falta contra nosotros, en un nivel muy profundo, despojamos a esta persona de nuestro amor y buscamos la manera de eliminarla de nuestras vidas, pero no se puede borrar un rostro de la faz de la Tierra, como tampoco podemos borrar nuestra imagen de un espejo.

Seguramente me dirás que opinas diferente, que una persona te ha ofendido y que es ella precisamente la que te ha robado la paz, pero reflexiónalo bien, porque cuando negamos nuestro amor, igualmente cerramos la llave de paso a nuestra propia fuente de paz y de vida.

«Bienaventurados los misericordiosos, pues ellos recibirán misericordia».[1]

La palabra «misericordia» tiene el sufijo *cor*, que significa «corazón», y es nuestra habilidad para sentir compasión ante el dolor ajeno por medio del corazón. Cuando pensamos en conceder nuestro perdón a alguien inmediatamente nos viene a la mente lo que el otro hizo en nuestra contra, pero nadie en esta Tierra está libre de falta y por esa razón todos, incluyéndonos nosotros, tenemos la necesidad del perdón; en gran medida, la habilidad de perdonar consiste en tener compasión y la humildad para recordar esta verdad.

---

1. Mateo 5, 4.

Recuerda un momento en tu vida en el cual alguien te brindó el perdón. ¿Cómo te sentiste? El perdón es un regalo. Quizás tengas un dolor tan grande que pienses que no quieres perdonar, pero como ya sabes que estás haciéndote daño y también a los demás, debes hacer el esfuerzo. No te preocupes, no tienes que hacerlo solo.

PERDONAR NO ES ABSOLVER

El verdadero perdón se hace a través de Dios. Quizás tú mismo sientas que necesitas ser perdonado, pero la culpa sólo agrava tu situación. Quizás esta persona ya se ha arrepentido y ha sido perdonada por Dios, pero como no lo sabes, el dolor sigue dentro de ti. El verdadero perdón se gana con un sincero arrepentimiento, pero eso es un asunto entre el que comete la falta y Dios. No se trata de absolver al otro.

Sólo Dios puede absolver una falta hacia él, pero sólo tú puedes dejar ir el dolor de una falta hacia ti.

En estas páginas sólo trataremos de tu dolor y tu rencor, y cómo puedes dejarlo ir. Algunos no perdonan porque confunden el perdón con justificar la acción del agresor; no hay duda de que existen acciones injustificables, disculpar tampoco es permitir abuso ni olvidar o borrar de tu mente lo sucedido, muchos acontecimientos son imposibles de quitar de la memoria. Para perdonar, no siempre es necesario dar otra oportunidad; en casos extremos, esa segunda oportunidad puede poner en peligro una vida. Cuando se trata de maltratadores patológicos o de adictos, se perdona de corazón sin aproximaciones y se pide ayuda.

Perdonar no siempre es eliminar la penitencia o la pena, es quitar nuestro odio de la persona, aunque aborrezcamos la falta.

El perdón es sin condiciones, no puede depender de que se haga justicia contra el agresor ni de que él cambie, sólo Dios pone las cosas en orden y a su tiempo. Esto no quiere decir que en su momento no utilicemos la ley para proteger a los demás y a nosotros mismos de la irresponsabilidad de alguna persona inconsciente. El que comete una gran falta, por más arrepentimiento que sienta, tampoco puede pretender caminar como si nada hubiera pasado. A veces la consecuencia de la falta puede ayudar al que no corrigió su comportamiento y otras veces hasta puede prevenir otro error o un problema mayor, por ejemplo, un arresto por manejar bajo los efectos del alcohol. Hacer terapia de grupo o servir en la comunidad puede dar las herramientas, el tiempo y la oportunidad para prevenir un accidente futuro, donde el conductor o un inocente, pierdan la vida. Un mal menor puede prevenir un mal mayor e irremediable.

EL PERDÓN Y EL ORGULLO

Muchas veces, la falta de perdón no es intransigencia, sino el resultado de la soberbia, que es el rencor que viene por la necesidad de salvar nuestra dignidad. La solución en ese caso es hacer precisamente lo contrario: dejar ir la necesidad de ganar y tener la razón, porque peor que la misma falta cometida contra ti, puede ser tu orgullo.

Perdonar no significa que ya no vayas a sentir tristeza, que no te vayas a defender, que no te vayas a sentir ofendido o no vayas a hacer lo posible por protegerte, como lo harías si fueras atacado por una persona intoxicada de odio. Lo importante es no juzgarte, pero tampoco perpetuar el dolor. Sufrir es todo lo contrario a perdonar, es resistirse a aceptar lo ocurrido, transformando un sentimiento natural de tristeza en un sufrimiento infernal. La angustia no es tristeza, es un miedo profundo que nace por una amenaza real o imaginada. A veces esa amenaza es contra nuestro propio orgullo.

La falta ocurre una sola vez, pero se reproduce mil veces por segundo en nuestra mente cuando la recordamos. En el momento presente ya todo pasó, pero si seguimos recreando lo sucedido en nuestro pensamiento, ya no serán gotas de tristeza, sino una lluvia de dolor, porque cada vez que recordamos la falta, nos vuelve a doler como en el primer momento. Sólo nosotros podemos dejar de lastimarnos. En este caso, recrear lo sucedido es un acto de violencia contra nosotros mismos.

EL PERDÓN ES UNA ELECCIÓN

El perdón no puede dejarse llevar por los vaivenes de nuestras emociones. La manera más efectiva de perdonar es recurrir a Dios y colocar la falta y la persona en sus manos, sin imponer nuestras condiciones. El perdón es incondicional, en vez de decir: «Te perdono si te disculpas» o «Cuando cambies», el perdón es elegir entregar la falta junto al compromiso interno de no regresar al dolor. Perdonar es dejar ir la necesidad de venganza; dejar de controlar los resultados, la angustia que causa la memoria del suceso doloroso; dejar ir el rencor, la culpa, el veneno. Es dejar de repetir: «Yo me lo busqué», «Cómo pude ser tan tonto»; es dejar de generalizar diciendo: «Todos son iguales, no se puede confiar»; dejar de ser la víctima perpetua, contándole la misma historia una y mil veces a los demás. El dolor al final es un pensamiento.

PARA LOGRAR EL PERDÓN

Para perdonar es necesario tener una apertura. Al verla, Dios te ayudará a sanar el dolor con su compasión. No puedes pedir perdón a Dios por tus propias transgresiones si primero no estás dispuesto a perdonar a los demás, y digo «dispuesto», no convencido, porque se debe estar dispuesto a practicar el perdón aunque no se desee. El requisito común para lograr el perdón es el amor, y sólo en Dios vive el amor, porque Dios es el amor mismo:

1. Recordar que Dios te ama y que con la misma intensidad que te ama, igual ama a quien nos falló. Sólo Dios conoce la verdad y perdonará las faltas de un corazón, siempre y cuando el arrepentimiento sea sincero. No puede perdonarse a sí mismo ni a otro aquel que no sabe que Dios ama a ambos.

El amor de Dios hacia nosotros es un regalo que él siempre nos brinda, pero como todo regalo, primero debe ser aceptado. Sentir su amor viene después de una invitación tuya para permitir su entrada.

2. Amar a Dios sobre todas las cosas. Si bien es importante saber que Dios te ama, devolver ese amor inmediatamente eliminará la mitad de tus faltas y las ajenas, porque no puede perdonar aquel que primero no ha aprendido a amar a Dios. Igual que la experiencia de sentir su amor, el regalo de amarle es un pequeño milagro que él mismo coloca en tu corazón cuando eres persistente en su búsqueda por medio de la oración.

La llama de un corazón vacío y apagado, un día se enciende tal como el «sagrado corazón» que describen las imágenes de Jesús; ese fuego desintegra el rencor. La clave está en invitar a Dios en nuestro corazón y hacer el esfuerzo para verlo en el corazón del otro, entonces el perdón nacerá.

3. Perdonar a los demás, porque si perdonas, Dios te perdonará, ésa es su promesa. Cuando perdonamos, su paz nos abraza en la misma medida que perdonamos, tal como dice el padrenuestro.

Reza el padrenuestro: «Perdona nuestras ofensas tal como nosotros [en la misma medida] perdonamos a los que nos ofenden».[2]

Mi Dios, te entrego y te permito intervenir totalmente en esta situación, muéstrame la verdad y libérame de la necesidad de repetir este acontecimiento en mi cabeza junto al dolor de su recuerdo. Purifica mi corazón y hazme entender que esta

---

2. Mateo 6, 12.

situación que me sucedió es la excepción y no la norma de las cosas. Aunque no lo sienta en mi corazón, estoy dispuesto a perdonar para sanar.

Una oración similar a la anterior es más que suficiente para que Dios comience el proceso de sanación. No existe nada que retrase más tu evolución y tu propósito que el no estar dispuesto a perdonar, que elijas no dejar ir la historia sobre un hecho grande o pequeño cometido en tu contra. Existen personas que pierden una vida entera conservando el rencor hacia alguien que actuó contra ellas, negándose el gozo de vivir plenamente y culpando de sus desgracias a otro, durante décadas. El verdadero perdón es entender que nada ni nadie puede dañar tu corazón ni tu mente, a menos que tú mismo lo permitas. Esta falta de perdón se debe al miedo de dejar ir y al orgullo. Algunos piensan que es preferible vivir atados al dolor de un pasado conocido que arriesgarse a la posibilidad de recibir el bien de un futuro desconocido.

EL PERDÓN COMO UNA NUEVA INTERPRETACIÓN

Muchas veces, el dolor que sentimos no tiene nada que ver con la falta recibida, sino con la interpretación y el valor que damos a la acción del otro. Guardamos la falta en nuestros corazones como un castigo hacia quienes nos dañaron, sin saber que en realidad somos nosotros los únicos que recibimos el castigo ardiendo en nuestro propio fuego. Todo duele más cuando le atribuimos al agresor intenciones que nunca tuvo. Tenemos espejos con marcas propias que reflejan nuestras falsas interpretaciones de la vida que revisten de acusaciones dudosas los actos de los demás. A veces hasta nos atribuimos dotes de adivinación para justificar lo que creemos como cierto. El perdón es tan sencillo como elegir ver los acontecimientos de otra manera o al menos darle el beneficio de la duda a una disculpa.

En el perdón, no es difícil decir: «Disculpa, no fue mi intención». Sin embargo, son palabras que logran tanto.

PERDONO, PERO NO OLVIDO

La memoria de una falta no se borra, todo lo contrario, está hecha para ser recordada como referencia si es necesario, pero no para enloquecerte diariamente. Si pasas por una calle con un peligroso hueco y caes, aunque alcances a tambalear, necesitas recordarlo la segunda vez que pases por el mismo lugar para evitarlo y no poner en peligro tu seguridad. Ahora bien, si sólo pierdes un poco el equilibrio, ¿de qué te vale revivir una y otra vez lo sucedido, cuando ni siquiera estás cerca del lugar? Recordar una y otra vez, por el deporte de herirte o herir a los demás, sólo conseguirá amargarte; cada vez que rememoras una falta hacia ti es como si echaras gotas de vinagre a un vaso de agua fresca que sólo tú vas a tomarte.

EL PERDÓN ES UN PROCESO

El perdón no se da de una vez por todas. No se perdona sólo una vez. Es posible que un día se vaya el dolor, pero también es posible que regrese la molestia de la falta por un detonante; algo imprevisto que te lo recuerde, como un comentario o una mirada. Si has entregado a Dios, te aseguro que este episodio pasará pronto. Perdona y perdónate una vez más. Recuerda la lección: el perdón no es una emoción, es una elección.

«Pedro preguntó… "¿Cuántas veces deberé perdonar a mi hermano, si me hace algo malo?". Jesús le contestó: "No te digo siete veces, sino setenta veces siete"».[3]

Habrá personas que cometerán faltas hacia ti, con las que, con suerte y elección, no tendrás que lidiar más. Siempre tienes derecho a decidir tus límites; otras veces en la vida, por tu carácter de padre, hijo o guardián, te verás en la necesidad de perdonar faltas y defectos varias veces, de la misma manera que alguien tendrá que lidiar con los tuyos. Esto no quiere decir que debamos aguantarlo todo, resignarnos, tolerar lo intolerable o no colocar límites. Se debe llamar a la ley o buscar ayu-

---

3. Mateo 18, 21-35.

da profesional en situaciones inaceptables que lo requieran. Perdonar no es convertirnos en eternas víctimas.

DIOS NO ES VENGATIVO

La consecuencia de un error es el equipaje que, si no estamos dispuestos a soltar, seguiremos cargando mientras sea necesario repetir, hasta aprender a elegir entre la paz o tener la razón sobre alguna situación.

El verdadero perdón de Dios hacia cada cual es el regalo de la absolución; sucede cuando una falta ha sido sanada por gracia del Espíritu Santo y la liberación puede ser instantánea. Cuando pedimos la absolución a Dios desde nuestro corazón llega el arrepentimiento, que no es sinónimo de culpa, ni aquella que busca redimirse por medio del castigo.

> Perdonar no es olvidar, pero cuando entregas la falta a Dios, él se lleva el dolor de su recuerdo.

PROMETO PERDONARME A MÍ MISMO

Perdona y pide perdón por lo que ya no se puede cambiar. Si hoy tuvieras la oportunidad de volver al pasado y hacer las cosas de otra manera, te aseguro que lo harías, pero no es posible, porque esas elecciones fueron hechas desde un estado de madurez emocional, mental y espiritual del pasado lejano al que no podrás regresar. No compares tu ser del ayer con la persona que eres hoy; quédate en paz sabiendo que en ese momento no había manera de hacerlo mejor. No se puede arreglar el pasado con la conciencia del presente, pero puedes enmendar tus actos de hoy para no repetir la historia. A veces no es lo que hacemos y sí lo que dejamos de hacer, en ocasiones sin darnos cuenta; sólo Dios conoce el corazón y la razón.

«Mi Dios, hice, falté, reconozco que estuvo mal y lo lamento», es todo lo que necesitamos decir para perdonarnos junto a Dios.

EL GLACIAR DEL PASADO

Afortunadamente, todo mal es pasajero, pero sólo si eliges dejar ir los sucesos del pasado y su historia. Si todavía sufres por un desengaño del pasado y éste sigue definiendo quién eres hoy, en tus conversaciones, en tus pensamientos y en tu vida, estás congelado en el glaciar del pasado. Para salir de este estado, el primer paso es darte cuenta; una nostalgia permanente es un buen indicio de que estás congelado en el ayer, que sigues «atascado» porque perdiste las esperanzas de una vida mejor. La buena nueva es que siempre y sin importar el tiempo que hayas pasado en el glaciar, con un poco de luz y del calor que brota del corazón de Jesús, es posible derretir la fría coraza de hielo y cambiar. Tu vida futura no tiene que parecerse al pasado, a menos que continúes repitiendo los hechos negativos en tu cabeza o en tus acciones del presente.

> No hay invierno que pueda resistirse a una nueva primavera, a menos que vivas en un glaciar.

Una falta que nunca se ha perdonado puede dar comienzo a una cadena que se extenderá hasta la más lejana de las generaciones. El daño generacional no es una maldición, sino una creencia compartida que necesita ser sanada, perdonada, enmendada y entregada a Dios.

Al perdonar, dejas ir esas experiencias de tu pasado que ya no tienen por qué ser tu carta de presentación. A menudo conocemos a alguien, y nos damos cuenta de que la tragedia es parte de su carta de presentación; es frecuente escuchar a alguien recién conocido decir: «Yo soy…, yo tengo… y me hicieron esto y lo otro».

La intención poderosa, unida a una fuerte y sencilla oración junto a la voluntad de autoobservarte, retomar tu poder, ser responsable por tus reacciones y dejar ir, son los primeros pasos para ver un mundo diferente.

PERDONAR A NUESTROS PADRES

He observado que la falta de perdón no sólo afecta nuestro corazón, sino que interfiere en otras áreas de nuestras vidas; es curioso ver cómo se repiten las mismas situaciones en otras áreas donde no hemos perdonado. Sanar nuestra relación con nuestros padres sanará nuestras relaciones con nuestras parejas, nuestros hijos y nuestros jefes o compañeros de trabajo.

Por mejor intención que hayan tenido nuestros padres o las personas que se encargaron de criarnos, siempre habrá errores. Hasta nosotros mismos podemos vernos repetir ciertos errores, recreando con nuestros hijos los mismos patrones que prometimos nunca duplicar, producto de las lecciones sepultadas en nuestro interior, por la crianza recibida de nuestros propios padres. Hoy es importante dejar ir todo, agradecer a tus padres por quienes fueron, hayan estado presentes o no, agradecer infinitamente si fueron buenos, perdonar eternamente si no fueron perfectos. Nunca olvides darles un abrazo si aún están presentes en este plano, o enviándoles tu amor si no lo están, pues los abrazos del alma son tan reales como los del cuerpo, y no importa lo que hayan hecho o dejado de hacer, su regalo de vida hacia ti no tiene precio.

Benditas las madres, puerta del cielo a la tierra de todas las almas. Ellas imitan en la Tierra la labor de nuestra Madre en el cielo. Benditos los padres, porque ellos imitan en la Tierra la labor de nuestro Padre en el cielo.

Lo importante no es quiénes piensas que fueron o son tus padres, sino con qué ojos eliges verlos en cada momento, aunque ya no estén en este plano.

Existen familiares que llamamos difíciles que en realidad tienen un problema sin diagnosticar. En otra época, las enfermedades mentales no estaban identificadas como ahora.

«Si pudiéramos comprender, no haría falta perdonar».

—Fray Ignacio Larrañaga[4]

EVITAR Y OBVIAR

En mis retos de perdón utilizo mucho la palabra «obviar», que también significa «evitar», «dejar ir», o «dejar de nombrar», o hasta «esquivar obstáculos», especialmente cuando tengo tendencia a reaccionar por algo que me incomoda. Las personas no siempre van a hacer lo que queremos, y la vida no es una continua alineación para mantener nuestra calma. La mayor parte del tiempo, cuando no es algo grave que puedo evitar en un futuro, deposito la falta en el buzón de obviar, con un proverbial «ni modo, es lo que es» dicho internamente, lo hago dos segundos antes de dejar ir la falta.

¿CÓMO PERDONA DIOS?

Antes de nacer en este mundo, Jesús sabía que llegaba a un lugar donde regía la inconsciencia. Han pasado dos mil años, algo hemos adelantado, pero todavía sus palabras deben ser nuestro bálsamo de sanación en todo momento de reto. Podemos vivir recordando esta verdad prevenidos, pero cuando se nos olvide y seamos atacados o ataquemos por nuestra propia inconsciencia, podemos recordar y sanar con las palabras de Jesús en medio de la injusticia, repitiendo: «Padre, perdónalos, porque no saben lo que hacen»[5] o: «Perdóname, Padre, porque tú sabes que no siempre sé lo que hago». Ser humano es tratar de imitar a Dios.

---

4. Padre Ignacio Larrañaga, Talleres de oración y vida, www.tovpil.org
5. Lucas 23, 34.

Si alguien rechaza el perdón de otra persona, está despreciando una gran oportunidad, un gran regalo. Tu vida comenzará a cambiar en la medida en que estés dispuesto a perdonar y entregar la falta. Para que Dios te reescriba un nuevo presente, necesitas quemar las páginas de tu pasado. Es nuestra elección si nuestro peor día dura sólo veinticuatro horas o si perdura por toda una eternidad.

«Nada nos asemeja tanto a Dios como estar siempre dispuestos a perdonar».[6]

---

6. Saint John Chrysostom, *The Complete Works of Saint John Chrysostom*. Amazon Digital Services, LLC, 2011, Homily XIX. Matt. VI.1. Kindle (San Juan Crisóstomo, homilía XIX, Mateo VI.1).

CAPÍTULO 8

Prometo *vivir* bajo su presencia y su gracia

Vivir abrazado por la presencia de Dios es vivir bajo la música eterna de su esencia.

Presencia significa estar conscientes de la parte de nosotros que no se puede ver. Gracia es estar en los brazos invisibles que nos cubren y nos regalan sus dones de fe, esperanza, paz y amor. Imagina qué diferente sería nuestra vida si a cada momento fuéramos conscientes de que, aunque pasemos desapercibidos ante los demás, Dios siempre nos observa, no en juicio sino en protección y amor, y que cada cosa que haces o te sucede es un regalo. Ofrece todo como un regalo hacia él, porque viniendo de él, todo es un regalo para ti.

Vivir en la presencia de Dios, no es sólo la práctica de la atención consciente, que te invita a estar aquí y ahora. Imagina cómo sería, si además de esa atención hacia el presente, simultáneamente se viviera consciente de la presencia de Dios en nuestras vidas.

Encuentro que cuando se nos olvida su presencia, los momentos se reducen a un paréntesis sin propósito en el tiempo eterno de Dios.

> El ahora sólo tiene poder y propósito cuando podemos ver que Dios también está presente. Cada momento que se entrega a él, es iluminado por los rayos de su esencia.

La mayor alabanza que podemos regalar a Dios es reconocer su presencia en todas las cosas, al invocar, permitir y actuar en su voluntad en cada momento. Cuando alabamos recordamos las cualidades de amor de Dios, y en ese momento nos alineamos con ellas.

DESPERTAR AL PRESENTE

Cada día es diferente, cada día trae su propio afán, sus propios vientos, sus propios retos, pero también su propio regalo. Si no lo puedes ver así, es porque has permitido que la neblina de la rutina se estacione sobre tu cielo. La pereza causada por la rutina diaria nos impide agradecer y maravillarnos, y así vamos por la vida ignorando los regalos que Dios nos da en el presente. Nos aburrimos cuando dejamos de ver y agradecer, al hacernos inmunes a las maravillas del día a día.

Sólo el agradecimiento y el asombro por la grandeza de un nuevo presente pueden disipar el oscuro velo de la rutina y convertir un momento cualquiera en lo que es: un verdadero milagro.

«Hoy, Dios te dio un regalo de 86 400 segundos. ¿Has utilizado alguno de ellos para decir "gracias"?», William Arthur Ward.

La rutina nos invade en los momentos en que nos dormimos a cada regalo del presente. Cuando el pasar de los días se vuelve una simple repetición, puede acabar con el mejor trabajo y la más bella relación. El fastidio no se sana buscando nuevas experiencias, sino observando lo conocido con nuevos ojos. Cuando prestamos atención, nos quedamos con la boca abierta, no como un bostezo, sino con un gesto de admiración; no por aburrimiento, sino mirando todo como una gran novedad. Reconocer significa conocer de nuevo. A veces estamos conversando y arrogantemente interrumpimos y decimos: «Ya lo sé, ya lo hice, ya lo vi», entonces nos perdemos el nuevo enfoque de la experiencia del otro; mientras que estar presente es todo lo contrario, es partir de la premisa de que nada conoces. Escucha. Cuando llevamos a Dios en nuestro corazón, vemos todo con nuevos ojos.

Los peores enemigos del presente se esconden tanto entre las añoranzas del pasado como en las expectativas ilusorias del futuro.

Hoy vivo en el presente, sin olvidar que los impactos de mis acciones afectan mi futuro para bien o para mal. Vivir en el presente no significa ser irresponsables y no ocuparnos del mañana, porque los planes del mañana sólo podemos trazarlos hoy. Cada elección en el presente es un paso hacia adelante o un paso hacia atrás en el camino, pero siempre hay un momento preciso antes de caminar; cuando ambos pies están juntos, eso se llama presente.

Hoy prometo vivir en «la presencia de Dios», que significa estar dispuestos y abiertos a participar totalmente en nuestras vidas, amar y vivir, más allá de la mente y las palabras. Hoy prometo vivir en su presencia.

Cuando vives atento a lo que sucede en tu presente, todo se convierte en gracia; en cambio, cuando vives distraído, hasta lo más maravilloso se convierte en hastío. ¿Qué es lo que está «robando» nuestra atención? La pérdida de los momentos presentes ocurre sin que nos demos cuenta.

Nuestra mente a la deriva es la más sutil ladrona de los bellos «momentos». A veces valoramos más un pensamiento pasajero que un vívido, hermoso pero fugaz momento presente.

Donde está tu mente está todo tu ser; es mejor que la mente esté en tu presente y en Dios. Si piensas en rencor tendrás rencor, si piensas en miedo sentirás miedo, porque, aunque tengas lo que más amas al frente, si estás distraído, estarás ausente.

Hoy regálate y regala a otros lo mejor que puedes dar de ti: tu atención, esos momentos que no vuelven. Abraza, ama, saborea, escucha, observa, ríe al tiempo que recuerdas que Dios está contigo, que él es la música de fondo que nos acompaña, aquella que a veces no escuchamos, pero que jamás nos abandona.

A veces no prestamos atención, pero cuando un ser querido ha partido, nos damos cuenta de que lo que más añoramos son esos momentos aparentemente sin importancia, pero que no volverán, ese abrazo, ese «si le hubiera dicho que le amo, si le hubiera escuchado». El ahora es un regalo, existe una razón por la cual al ahora también se le llama «presente». La única forma de recibir este «presente» (regalo), es estando despierto a su presencia divina en tu vida. Mientras vives el momento, no piensas en el futuro ni en los problemas pasados, no estás categorizando ni juzgando, ni pensando en cuántas maneras podrías mejorar lo que estás viviendo.

La nostalgia sólo llega a tu puerta cuando ignoras el presente.

No sé por qué tenemos la costumbre de guardarnos para luego los momentos de felicidad; como si de una cuenta de ahorro se tratara, guardamos el mejor traje, la mejor vajilla, la mejor cena, el más largo beso, pero el tiempo no puede guardarse para luego. El tiempo es lo más preciado, más que la vida misma, porque nuestra alma vivirá aun después de la muerte, pero el tiempo ya no será más y no puede recuperarse.

Los dormidos son los que viven el día a día automatizados, sin pensar nada más que en la supervivencia, motivados por la ganancia, por impresionar, midiendo su valor por los números de su cuenta de banco. Otros sobreviven arrastrando los pies, propulsados por el café mañanero; el otro extremo vive para el futuro, ahorrando para la posteridad, asegurando la pensión y el retiro, soñando con un futuro lejano idealizado, sin saber cuánto vivirán. Algunos viven de sus historias, con sus logros o desaciertos del pasado, culpando, añorando o arrepintiéndose. Al final todos sus esfuerzos habrán sido en vano. Nada podemos llevarnos.

Hace tiempo me contaron la historia de una persona que ahorró toda su vida, sin un solo día de descanso, sólo trabajaba y trabajaba para su retiro. Finalmente, llegó el día de su jubilación y esa misma mañana sufrió un derrame cerebral y quedó paralizado; todos sus ahorros se agotaron en los cuidados médicos. Es una historia real, repleta de sabiduría y enseñanzas.

«Nuestros latidos están contados», conocidas palabras de Neil Armstrong, primer hombre que aterrizó en la Luna. Algunos historiadores cuentan que sus latidos se duplicaron al pisar la Luna, fue por un motivo válido; por lo general tenemos cien mil latidos al día, pero nunca sabemos cuál será el último. Cuando encontramos el amor, nuestros latidos se intensifican, mejor acortar la vida por latidos de amor que alargarla por falta de pulso y pasión.

El tiempo se vive, pero no se derrocha, se aprecia. El dinero se administra, si lo perdemos, podemos recuperarlo en otra ronda de negocios, pero el paso del tiempo es irreversible. Si no estamos presentes, la vida se nos escapa. Como la arena de un gran reloj eterno, cada granito que cae es un día y un segundo que no regresará. No se trata de lamentarnos ni culparnos de lo que dejamos de hacer, sino de despertar y tomar este tiempo para hacer lo que debemos hacer, brindando al presente todo nuestro ser.

Vivir en el presente es aceptarlo, no juzgarlo, no querer cambiarlo, aunque a veces precisa ser ajustado. Son esos momentos aparentemente insignificantes de hoy los que se convierten en los buenos tiempos que recordaremos en el mañana. La vida no se resume en grandes momentos, sino en pequeñas gotas de experiencia. Mientras ocurren, no nos damos cuenta de que éstos son los momentos felices del mañana. Es muy curioso que mientras estamos viviendo lo cotidiano, no nos damos cuenta de su valor. Es más fácil identificar cuando estamos viviendo un mal momento que uno bueno; por lo general, los buenos tiempos pasan desapercibidos, mientras que los malos tiempos son perpetuados.

Cuánto daría por ser adolescente de nuevo y ver la sonrisa de mi abuela, sentada en su sillón, al contarle sobre un chico que conocí, un proyecto de vacaciones o un deseo recóndito. Cuánto daría por volver a cargar a mi hija en mis brazos, dormirla en esas noches interminables de bebé y otra vez correr tras ella en sus incansables días de los terribles dos años, que ahora añoro tanto. También soy consciente de que en unos años más daría cualquier cosa por escuchar su música de estruendo saliendo por las paredes de su habitación, junto con sus carcajadas de adolescente y sus rebeldías. Así es todo en la vida.

> El presente es un pasado por llegar, el pasado es un tiempo que añorar y el futuro es un tiempo por soñar.

El familiar que tienes al lado un día se irá, o quizás seas tú quién se vaya primero. No se debe temer, sino valorar. El problema es que, en vez de vivir el momento, no vemos la hora de que este tiempo pase para dar paso a uno mejor, pero no hay un momento mejor ni perfecto. En el libro *Dejadme ser mujer,* su autora, Elisabeth Eliot, cuenta cómo a los trece años de enviudar conoce a un nuevo amor. Sin tener juventud ni dinero, sabía que a pesar de ello podía ofrecer a este nuevo hombre algo que ninguna otra mujer podría darle: el regalo de la viudez; que es valorar cada segundo con él porque entendía lo que era perder un amor.[1]

Vivir en equilibrio significa estar en el ahora, despiertos, encontrando nuestra pasión y no sólo nuestra pensión, sabiendo que estamos aquí para algo más que sobrevivir; nacimos para vivir.

VIVIR EN GRACIA

«Gracia» es mucho más que una palabra… Tomemos un momento para reflexionar sobre el significado real de la palabra «gracia». *Gratia* en latín quiere decir «honra» y «alabanza», pero su raíz originaria significa «reconocimiento de un favor en voz alta». Entonces, dar las gracias es el acto de reconocer el favor de Dios en voz alta.

Usualmente damos gracias a Dios después de recibir nuestras peticiones, pero se me hace muy curioso que, en el caso de Jesús, repetidamente daba las gracias a Dios antes de recibir los favores de su Padre. Si miramos de cerca, podemos ver que Jesús primero bendecía y agradecía

---

1. Elisabeth Elliot, *Let Me Be a Woman.* Tyndale Momentum, 2013, cap. 27, p. 89, Kindle. (Trad. cast.: *Dejadme ser mujer,* cap. 27. Barcelona, Clie, 1988).

la situación tal como se le presentaba, con la certeza de que Dios ya lo había escuchado.

Jesús miraba al cielo y daba las gracias, acto seguido algo sobrenatural e inexplicable sucedía. Como cuando miró al cielo y dio las gracias a Dios antes de resucitar a Lázaro,[2] lo mismo pasó en la multiplicación de los panes y los peces;[3] Jesús siempre dio las gracias antes de que ocurriera el milagro.

Entonces he aquí el gran secreto: «gracia» no es una palabra, es un estado de conciencia, un estado donde ocurren milagros porque hemos elegido caminar con Dios. Si el recibir la gracia es un regalo de Dios, el dar las gracias es un verbo, es la acción de ese estado de conciencia, es agradecer lo que no puedes ver, pero que Dios ya te ha concedido, igualmente es nuestra apertura para recibirlo. «Gracias» es la palabra clave que precede un milagro. Muchos temen lo contrario, que es vivir en des-gracia, o ser despojado de gracias, que no es el resultado de una pérdida física necesariamente, sino el haber perdido el agradecimiento y la fe en Dios. Conozco personas que tienen de todo y están en desgracia y otras que, habiéndolo perdido todo, hasta a un ser querido, tienen la fuerza espiritual para dar gracias a Dios.

Desgracia es haber perdido la gracia de Dios, lo que sólo puede suceder por nuestra propia elección, pero por ese mismo libre albedrío es por lo que podemos regresar, porque Dios nunca nos desampara, somos nosotros los que nos alejamos de su gracia. Al mismo tiempo, la gracia de Dios puede llegarnos en un momento inusitado, tanto inmerecidamente como sin buscarla y sin pedirla, la gracia de Dios siempre nos acompaña, porque todo lo que nos rodea, al final es su gracia.

LA GRACIA ES EL PERFUME AMOROSO DEL ESPÍRITU SANTO.

Tampoco pienses que lograr todo lo que quieres es indicativo de que has encontrado la paz y a Dios, a veces es lo contrario, y obtener lo que

---

2. Juan 11.
3. Mateo 14, 13-21.

piensas que buscas puede alejarte de la experiencia de Dios; otras veces el encontrar a Dios puede llevarte precisamente a perder lo que tanto piensas que necesitas, pero que realmente es un obstáculo en tu camino. Como bien dice un amigo: «En la vida, a veces perder es ganar».

En la vida he tenido una buena carga de experiencias que bien pudieran ser catalogadas como grandes sufrimientos y pérdidas, pero en su totalidad, cuando me comparo con otros, me doy cuenta de que estoy bendecida. A veces recibo mensajes en mis redes sociales que no quisiera responder. Qué puedo decirle a una madre que pierde a su hijo, a una persona que pierde la vista, al que pierde una pierna, a quien sucumbe al cáncer, al que ha perdido a su familia en un accidente o en la guerra, que no sea que se aferre a Dios.

Hay otras cosas que se pierden en la vida que no son tan graves, pero que igual traen sufrimiento, como perder la dignidad, la esperanza, el camino, la fe en el amor, el sentido de la vida, la compasión, las ganas de vivir o la compañía, pero nada puede ser peor que perderte a ti mismo, tu alma o perder la experiencia de Dios y su misma sanación. El presente no se puede evitar, ni las penas ni las alegrías, pero se puede prevenir parte del dolor al estar fortalecidos en el Espíritu de Dios. Sólo se sobrevive una pena sintiéndola totalmente, sólo se supera un dolor aceptándolo, pero al mismo tiempo entregándolo en las manos de Jesús, quien es el único que puede darte el verdadero consuelo, para luego dejarlo ir junto a las experiencias del pasado que no volverán. El ahora sólo se manifiesta al agradecerlo, de otra manera se convierte en un recuerdo muerto, un simple pedazo de olvido.

Generosidad no es sólo compartir lo material, sino dar a otros lo mejor de ti en cada momento.

Prometo vivir en su presencia y en su gracia donde todo ya está dado. Plenitud es tener abundancia material e inmaterial como la plenitud familiar, de corazón, de ideas, abundancia emocional, de espíritu, de amor y de salud. He visto las familias más pobres, ante los ojos de la sociedad, que son ricas en bienes espirituales que no tienen precio. Es oportuno recordar que Jesús dijo que no sólo de pan vive el hombre.[4]

Permite un milagro de agradecimiento en tu vida al seguir estos pasos:

1. Reconoce que existe un Dios que te escucha siempre, incluso antes de que verbalices tu necesidad.
2. Mira al cielo y da las gracias a ese Dios por la situación que te aflige.
3. Agradece a Dios por haberte escuchado.
4. Camina en paz y entrega a Dios con estas palabras: «Haz tu voluntad, y gracias porque ya me has escuchado».

«El mar no recompensa a aquellos que son demasiado ansiosos, demasiado ambiciosos o demasiado impacientes. Uno debe descansar vacío, abierto, sin elección, como una playa esperando un regalo del mar».[5]

Es importante agradecer, aunque no recibas lo esperado. El estado de agradecimiento es cuando sientes paz en medio de cualquier circunstancia, y vives agradecido y pleno con lo que tienes en el ahora. Es cuando tu paz no depende de las circunstancias exteriores, pues en tu interior descansa la certeza de que Dios y su gracia trabajan a tu favor. Sabes que con su sabiduría, tus dificultades sanarán y lo que necesitas llegará, pues tus pensamientos y acciones siempre serán guiados hacia tu mayor bien.

Todos tenemos nuestros días, pero para vivir en el estado de conciencia del agradecimiento la mayor parte del tiempo, necesitas voluntaria, persistente y diariamente reconocer, pedir y permitir que la ayuda de Dios trabaje a través de ti. De otra manera seguiremos encadenados

---

4. Mateo 4, 4.
5. Ann Morrow Lindbergh, *Gift from the Sea.* Pantheon, 2011, p. 9, Kindle. (Trad. cast.: *Regalo del mar,* capítulo 1. Barcelona, Circe, 1995).

en la resignación o en la espera, y la vida es demasiado corta como para perderla esperando.

Hoy prometo recordar y vivir en su presencia. Hoy es un hermoso día para hacer una pausa antes de continuar y agradecer a Dios por la vida, por alguien, por algo, por lo que estuvo, por lo que es, por lo que no pudo ser, por lo que se fue, por lo que está, por lo que llegó, por todo lo que será...

CAPÍTULO

Prometo *soltar*, a nada me puedo aferrar

La crisis es lo que le ocurre a la oruga momentos antes de convertirse en una majestuosa mariposa, la catástrofe sería no dejar ir lo inservible para morir en el capullo.

MUCHOS PROBLEMAS, UNA SOLA CAUSA

Algunos de mis lectores me escriben que, aunque oran a Dios, no sienten que avanzan en el camino. «¿Por qué si hago todo lo que dicen que debo hacer no cambian las cosas?». La respuesta es que probablemente todavía no estén dispuestos a dejar ir aquello que realmente les atrasa. Muchos queremos cambiar, pero no estamos dispuestos a soltar lo que interfiere en nuestro bien.

> Si el deseo de aferrarte al pasado es mayor que tu deseo de cambiar, habrá problemas, porque si tu libre albedrío elige algo diferente a lo que sabes que es mejor, aunque sea para mal, este deseo invalidará tus posibilidades de cambio. El requisito para elegir algo nuevo es dejar ir algo viejo.

La mayoría de nuestros problemas y situaciones de reto parten de la misma causa, vencer el apego, y la mayoría de las lecciones de espiritualidad para obtener la felicidad sugieren el mismo remedio: dejar ir. ¿Pero cómo?

¿CÓMO SE DEJA IR?

Se deja ir cuando se tiene fe en algo más grande que lo que no queremos soltar. El trapecista suelta porque tiene la certeza de que le recibirán al otro lado. Mientras el trapecista salta de un lugar a otro, existe un momento de vacío en que se queda suspendido en el aire sin nada que lo sujete, su único apoyo es saber que el otro trapecista viene en camino y tomará su mano; para avanzar, el primer trapecista necesita dos cosas: tener fe y soltar. Cuando está en el aire ya es muy tarde para mirar atrás, una vez que dejas ir, debes elegir mil veces no tratar de retomar lo que estamos soltando. Si el trapecista mira hacia atrás un segundo, morirá.

La mayoría de nosotros no cambiamos ni dejamos ir situaciones que nos hacen daño, precisamente por el miedo a ese momento de vacío e incertidumbre. Todo sería diferente si tuviéramos la certeza de que habrá una mano al otro lado. La hay, es la mano de Dios.

No se deja ir sólo una vez, a cada segundo de nuestras vidas, sin saberlo, estamos haciendo pequeñas elecciones que nos acercan o nos alejan de Dios. Cuando miramos quiénes éramos en un pasado, nos damos cuenta de que para ser quienes somos hoy, aunque todavía no seamos perfectos, hemos tenido que soltar muchas cosas.

A veces miro hacia mi pasado y aunque existe una parte de mí que nunca cambiará en el interior, en el exterior pareciera que estuviera mirando la vida de otra persona, ya no vivo en la misma ciudad en que nací, no como los mismos alimentos, no me expreso de la misma manera, no me visto igual, no pienso de la misma manera. Ha sido un largo camino de nuevos aprendizajes, pero también de muchas despedidas. Como decía Joan Didion en su escrito *Sobre mantener un diario*. «Ya he perdido contacto con un par de personas que solía ser...». Algunas personas pueden decir, ¡cuánto has cambiado!, incluso algunas que no han cambiado, pueden resentirse. La pregunta podría ser: «¿Has cambiado para bien?». Porque uno también puede cambiar para mal. Otra cosa importante es no olvidar de dónde venimos y las experiencias que hemos tenido, lo que nos ayudará a tener humildad y comprender mejor a los demás. El propósito de la vida es crecer para ser más auténticos y finalmente llegar a ser «nosotros mismos».

QUÉDATE QUIETO

El plan de Dios para nosotros, a veces no requiere tanta acción de nuestra parte como estar dispuesto a estar presentes, estar quietos, obedecer y permitir. Permitir y dejar de interferir muchas veces es más efectivo que controlar y manipular, pero hacemos todo lo contrario, tenemos miedo y esto provoca que reaccionemos violentamente o que nos quedemos paralizados, alejando lo mismo que queremos o aferrándonos a lo que nos hace daño. Nuestro apego e insistencia en quedarnos adheridos a un imposible por la causa que sea nos hace justificar cada razón que tenemos para no avanzar. La mayoría decimos que soltamos, pero hacemos todo lo contrario, recurrimos a todas las formas de justificar el regreso al pasado.

Recuerda, las bendiciones de Dios ya caen sobre ti como el Sol, no necesitas buscarlas afuera, sólo necesitas despejar tu mente un poco de lo que piensas que te hace falta, para reconocer todo lo que ya posees cuando caminas con él.

«La paz está en la quietud y en la certeza de saber que él es tu Dios».

CÓMO NO SOLTAR

Existe una diferencia entre soltar y ser indiferente. Lo contrario al amor no es el odio, sino la indiferencia. Tampoco se trata del proverbial: «Que sea lo que Dios quiera» porque podemos caer en la apatía, en la falta de valentía y en la irresponsabilidad. En este caso, el supuesto soltar se convierte en un pretexto para no actuar. Se llama miedo. Seguir la voz de Dios requiere fe y valentía, al mismo tiempo que necesita de nuestra acción. Hacer que nuestra felicidad dependa de un desenlace específico es como atar nuestra vida a una cometa que se ha escapado de las manos de un niño en un día ventoso.

SENTIR LO QUE SEA NECESARIO

Dejar ir lo que no conviene tampoco significa que no tengamos el derecho de llorar y sentir tristeza por una pérdida. No sentir no es desapego, sino indiferencia, frialdad o negación de lo que sientes, de tu humanidad. El desapego que enmascara la falta de compromiso, que deja todo al vaivén del universo y que niega la tristeza, sólo huye de su propia responsabilidad. Entonces descansa y deja ir, pero no dejes de asumir lo necesario.

No porque algo te hace falta significa que es bueno para ti.

Las peores adicciones no son las más obvias, sino las pequeñas obsesiones o maneras de ser que silenciosamente se hacen parte de nuestras vidas y que son aceptadas tanto por nosotros como por los nuestros. Todos tenemos algo que cambiar.

No te juzgues por lo que sientes, pero discierne lo que haces.

Casi todas las ansiedades que tenemos radican en algo terrenal que queremos, pero que no se da, o en algo que ya tenemos y tememos perder. Nada terrenal es lo suficientemente estable como para darnos paz verdadera.

Vulnerabilidad es el poder de expresar sin miedo lo que sientes y necesitas, sin temor a lo que otros opinen; debilidad es que tu felicidad dependa de recibir la respuesta que esperas.

Los seres humanos tenemos la tendencia de apegarnos a una gran cantidad de cosas materiales que utilizamos para tratar de sustituir lo que nos falta espiritualmente. Tenemos una sed espiritual insaciable, pero siempre nos defraudamos cuando tratamos de saciarla por medio de personas, poder y pertenencias. Sucede así porque fuimos creados para soltarlo todo y aferrarnos sólo a Dios, quien nos sacia de su fuente inagotable. Por eso llamamos a la experiencia de estar llenos de él plenitud. Somos una sociedad con un gran problema de acaparamiento, de hecho, se podría considerar como una enfermedad.

Es impresionante ver el tamaño de los armarios en algunas residencias, muchos son tan grandes como la habitación principal. Acaparamos comidas, medicinas, zapatos y carteras. Incluso existen tiendas que sólo se dedican a vender sistemas de organización para almacenar toda la cantidad de cosas que tenemos, y que ya no sabemos dónde colocar. ¡Qué sufrimiento trae el apego a las cosas! Es un gran peso en nuestros hombros, se nos olvida que nada podemos llevarnos.

Es una realidad, mientras más vacíos de Dios, más cosas externas necesitamos; sin embargo, mientras más nos llenamos de él, menos necesitamos aferrarnos a cosas vacías. No se trata de darlo todo, simplemente de no ser esclavo de lo que tenemos y no olvidar que una marca o un nombre de un diseñador en nuestra cartera o en la planta de los zapatos no va a darnos verdadera seguridad ni tampoco va a incrementar nuestro valor, si no somos capaces de recordar que Dios es la única fuente de nuestro verdadero valor.

Libertad no significa estar libre, es tener consciencia y caminar sin ataduras…

ELIMINANDO LAS CONDICIONES DE LA FELICIDAD

A veces tenemos todo, pero nos aferramos a ese 1 por ciento de nuestras vidas que no está como quisiéramos. No esperes a tener algo fuera de ti para ser feliz y finalmente tener paz. Ten paciencia, eso que tanto quieres vendrá a ti, pero quizás llegue de una forma muy diferente; incluso es posible que cuando lo recibas te hayas olvidado totalmente de la petición y sería lo mejor, porque esto quiere decir que has continuado viviendo. Todo tiene su tiempo. No puedes comer una fruta si no ha madurado, quizás te apresures a arrancarla del árbol, sólo para sentir su sabor amargo.

> La visión interna y el verdadero sueño es ser feliz, viviendo el momento tal como es, sin perder de vista lo que podría ser.

La paradoja es que cuando dejamos ir el apego a lo que pensamos que queremos, nuestra máxima expresión y el sueño verdadero se hacen inevitables, aunque a veces no como lo visualizamos.

SUELTA LAS CONDICIONES PARA SER FELIZ

Cuando tengas ansiedad, identifica y suelta ese algo que resistes o piensas que necesitas y te quita la paz (persona, cosa, situación), sabiendo que ese algo no es realmente el causante de tu ansiedad, sino el apego al desenlace de esa situación y la falta de fe.

Mi Dios, hoy dejo ir lo que pienso que quiero a cambio de agradecer el ahora y recibir lo que sabes que necesito cuando lo necesito.

Muchos te dicen que hay que esperar lo mejor de la vida, que no te conformes con menos, que el que pide y exige, más recibe, que subas la barra de las expectativas, pero yo aprendí a hacer todo lo contrario, a bajar la barra de las exigencias propias y que sea Dios quien me muestre, porque lo que Dios tiene para mí, no importa como luzca, es lo mejor posible cuando se lo permites. Esperar lo que Dios quiere es la más alta expectativa.

¿CUÁL ES TU CONDICIÓN PARA LA FELICIDAD?

- Si no lo tengo, no soy feliz.
- Si no garantizo mi seguridad, no soy feliz.
- Si no sale todo perfecto, no soy feliz.
- Si no gano la discusión, no soy feliz.
- Si no puedo lucir bien, no soy feliz.

Leyendo las bienaventuranzas[1] que nos dejó Jesús, su definición de felicidad, era muy diferente a la que hemos adoptado en nuestros días. Se trata de la aceptación de esa eterna sensación de no tener suficiente, y es que el que acepta que la pobreza de espíritu se llena con el amor de Dios, ya es bienaventurado:

«Bienaventurados [felices] los pobres de espíritu, pues de ellos es el reino de los cielos. Felices los que lloran, pues ellos serán consolados. Felices los humildes, pues ellos heredarán la tierra. Felices los que tienen hambre y sed de justicia, pues ellos serán saciados. Felices los misericordiosos, pues ellos recibirán misericordia. Felices los puros y limpios de corazón, pues ellos verán a Dios. Felices aquellos que han sido perseguidos por causa de la justicia, pues ellos verán a Dios. Felices los que procuran, pues ellos serán llamados hijos de Dios».

Prometo dejar ir lo que pienso que quiero a cambio de lo que Dios sabe que es lo mejor para mí. Suelto ese algo, que equivocadamente pienso que necesito para ser feliz, sabiendo que hoy, cuando estoy junto a Dios, soy un ser completo. Ayúdame, Señor, a no desear equivocadamente lo que no ne-

---

1. Mateo 5, 3-12.

cesito, enséñame a agradecer y disfrutar de lo que sí tengo, viviendo en la paz y la certeza de saber que todo tiene su orden y su momento, y que la intensidad de mis preocupaciones, mi ansiedad y mi sufrimiento no lograrán acelerar ni controlar las situaciones, las personas ni el universo. Gracias porque sé que tu orden y tu sabiduría manifestarán el mejor desenlace posible en esta y toda situación en mi vida.

Soltamos naturalmente cuando, además de entregar, nos dejamos llevar, porque si lo permitimos, observaremos el flujo natural de las maravillas del orden de la naturaleza de nuestro Dios, que es más grande que nosotros, y armoniza nuestras vidas y nuestro entorno si le invocamos. Queremos controlarlo todo, pero ese todo ya tiene su orden. Existen cosas en este mundo que no necesitan conductor, como la digestión, la respiración, el amanecer, la lluvia, la gestación, la luz y el plan de Dios de tu vida. No necesitan conductor porque ya tienen uno.

EL APEGO ES MIEDO DISFRAZADO DE CONTROL

Como el aceite y el vinagre, el miedo y el amor son incompatibles. Amar con miedo a perder lo que amas no es amor, es apego. Amor no es sólo una linda palabra; si estamos vacíos, cualquier adulación o atención puede confundirse con el verdadero amor. El amor es acción, se demuestra, no se describe. El amor es paz, mientras que el apego es miedo a perder una presunta fuente de dicha, placer, aprobación o seguridad, y es una de las mayores causas de ansiedad. Un amor no puede ser totalmente auténtico cuando se tiene miedo; no hay paz ni amor en la vida de aquel que constantemente necesita controlar al otro. Como bien nos dice Erich Fromm en su libro *El arte de amar*: «El amor inmaduro dice: te amo porque te necesito, y el amor maduro dice: te necesito porque te amo».[2]

2. Erich Fromm, *The Art of Loving*. Open Road Media, 2013, cap. II, p. 32 Kindle. (Trad. cast.: *El arte de amar*. Barcelona, Planeta, 2015, cap. II).

No se puede frenar la travesía de la tierra ni se puede dirigir el flujo del agua de un gran río. No se puede frenar el amor, no se puede dirigir el cariño. Todo lo que sustituye a Dios como fuente de seguridad se convierte en nuestra jaula dorada. Sucede con el trabajo, con una relación o con el camino espiritual que una vez nos fue útil, pero que ya debemos soltar.

Cuando entregas tus sueños y tus relaciones a Dios, él te ayuda a reconocer y mantener el equilibrio perfecto. Escucha su voz en tu corazón. El verdadero desapego es cuando sueltas y encomiendas a él las personas y los resultados en tu vida. Cuando realmente entregas, después de las lágrimas te sentirás tranquilo, sin ansiedad, viviendo junto a una expectativa sana, sabiendo que él traerá el mejor desenlace, sea el que sea.

En el verdadero amor, cuando existe el compromiso y nos azota la tempestad, es cuando más fuerte necesitamos abrazarnos para no perder al otro, pero cuando no hay compromiso ni amor, una simple brisa puede derribar la unión más fuerte.

El soltar no siempre se puede imponer por la voluntad, sino que es la consecuencia natural de haber entregado a Dios totalmente el resultado de algo que queremos que ocurra, que es cuando verdaderamente nuestras acciones y nuestros pensamientos son motivados por el amor.

SOLTAR LAS PERTENENCIAS

El navegante sabe que no es prudente aferrarnos en el camino, como comparto en el libro *Desde Om Hasta Amén,* que la arena precisamente está compuesta de minúsculas piezas de fantasmas y testigos del pasado con sus caparazones vacíos e incontables caracoles y almejas, que alguna vez fueron habitados por seres vivientes que ya no son. El mundo y el cementerio, igualmente, están llenos de casas vacías que alguna vez fueron ocupadas repletas de pertenencias.

Muchos lectores me preguntan cómo pueden tener más y yo siempre les contesto que «la abundancia viene por la habilidad de dar, no por la habilidad de tomar». No viene por la cantidad de posesiones, sino por tu capacidad de agradecimiento y desprendimiento. Se trata de un sentimiento interno que no tiene que ver con cifras, sino con un estado de paz.

La pobreza se alimenta de cuánto pensamos que nos falta. Igualmente sucede por el desequilibrio provocado por aquellos que sólo quieren obtener de los demás sin considerar la justa medida de dar en la misma medida en que se recibe. Como decían los filósofos: algunos viven felices con poco y otros viven miserables con mucho.

En la naturaleza, las ardillas agradecen tanto las suculentas frutas de la primavera como las nueces secas del invierno, porque saben que la vida se estructura en ciclos y el frío no es un castigo, sino parte del orden. Ellas se preparan, pero no acaparan ni comparan.

Somos muy malos administradores de este mundo que Dios nos dio, existen sequías y cosechas, entonces la abundancia es nuestra habilidad natural de confiar en el que nos suple todo lo que necesitamos cuando lo necesitamos, es compartir cuando tengamos y recibir cuando nos falta. La avaricia, por el contrario, es la necesidad obsesiva de tomar lo que se desea cuando se desea.

Nada es para siempre, la naturaleza lo sabe y no se aferra. El ermitaño lo entiende, vive en el caparazón que algún día dejó un viejo caracol. En realidad, la verdadera abundancia es saber que tal como el ermitaño, sólo somos pequeños administradores temporeros de los bienes divinos; necesitas recibir, pero no puedes olvidar compartir en el contexto de un todo.

Soltar no es inacción, al contrario, es estar dispuesto a responder a la vida con pasión, desatando las amarras y navegando sin un ancla enterrada en la arena impidiéndonos el placer de experimentar, caminar y actuar para descubrir la voluntad de Dios.

La vida es un viaje, no un puerto seguro, no importa la ilusión que tengas de llegar a un destino específico, una vez anclado en tu meta, te das cuenta de que nuevamente necesitas zarpar hacia otras tierras. Cuando tu norte es Dios, él se convierte en el verdadero objetivo del viaje de la vida, que ya no es llegar a nuevos destinos, sino navegar junto a él, amar y vivir el viaje tal cual se presente, tanto con sus fuertes vientos como con sus bonanzas.

En el crucero de la vida todos viajamos con ataduras, esas que vamos adquiriendo por el trayecto. Un apellido, una historia, un rango social, un vínculo afectivo, un título, un puesto en una compañía, una máscara que esconde nuestro verdadero ser y que está hecha para darnos una falsa seguridad que a veces utilizamos para sustituir al Espíritu de Dios. Con él somos mucho más que todas esas cosas.

> Pongamos toda nuestra atención en Dios, único navío verdadero. Junto a él, trascenderemos los mares, la arena y el cielo.

EL ARTE DE UN ADIÓS ES ENTREGAR A DIOS

El arte de un adiós consiste en respetar, reconocer y agradecer las lecciones vividas con otro ser. En nuestra vida todo es temporal y existen finales que no podemos controlar, pero por lo general la experiencia de la partida será tan difícil o tan armoniosa como la calidad de lo vivido.

Hoy es un buen día para decirle a Dios:

«Te entrego y suelto totalmente, dejaré ir lo irremediable, y si es tu voluntad, lucharé por lo que puedo arreglar. Mientras espero que las cosas sucedan o no sucedan, mi felicidad no dependerá de ello, y no importa lo que pase, siempre me colmará tu paz».

La vida está llena de comienzos y finales, de una serie de momentos que terminan, experiencias que se acaban y gente que se va. El telón se levanta y comienza la historia; así mismo, el telón cae porque hasta la mejor obra de teatro tiene su final. Se necesita dar importancia a los buenos comienzos, pero también es necesario estar presentes y aprender a cerrar con buenos finales.

El arte del adiós consiste en vivir desde la premisa de que todo es transitorio, en no dejar para luego una linda palabra por decir, un agradecimiento por dar, una acción por tomar o unos buenos sentimientos por compartir, hasta los que marcan una despedida. Una vez que finaliza un capítulo, se necesita cerrar con la paz y con el perdón, cuanto más tiempo pasa sin sanar una relación que terminó, más grande crecerá la ola de rencor y más difícil se nos hará erradicarla. Por otro lado, las cosas no necesariamente terminan porque no hicimos lo suficiente por mantenerlas, sino porque algunas situaciones simplemente llegan al final natural de nuestro camino en esta Tierra.

> La última hoja de otoño cae del árbol, no importa cuánto trate la rama de retenerla con sus brazos.

Lo único permanente es el amor de Dios, aferrarnos a todo lo demás es inútil. Dios siempre tiene algo nuevo para ti. En esta vida transitoria donde todo termina es posible que nos encontremos con situaciones inevitables, momentos de miedo y dolor en los que la duda nos invadirá. Es de humanos y no necesariamente significa falta de fe.

> A veces cuando perdemos algo significativo en la vida, nos reencontramos con lo más importante: nosotros mismos.

Es posible tener paz en la peor situación, igual que es posible sentir ansiedad en la mejor situación. He visto enfermos que están en paz, pero también veo a diario personas con todas las ventajas, que viven en angustia; la diferencia no es la salud, es la paz interior que llega por nuestra conexión voluntaria con Dios por medio de la oración.

SOLTAR LA BATALLA CONTRA NOSOTROS

La peor guerra es la que libramos diariamente contra nosotros mismos. ¿Cuál es tu pensamiento «ataque»? ¿Qué historia utilizas para justificar que no vives en tu máxima expresión y que no te permites avanzar en algunas áreas de tu vida?

El pensamiento «ataque» es una interferencia: ¿qué te dices a ti mismo sobre lo que piensas que no puedes lograr?

Algunos ejemplos:

- No puedo tener una relación amorosa feliz porque… (no soy digno de amor).
- No puedo tener el trabajo que quiero porque… (no soy inteligente).
- No puedo ser feliz porque… (no lo merezco, la vida es sufrimiento).
- No puedo ayudar a otros porque… (no tengo ni para mí mismo).
- No puedo orar porque… (no soy digno de hablar con Dios).
- No puedo ser saludable porque… (no tengo remedio).

Tu justificación (en paréntesis) es la interferencia que no deja que la más alta voluntad de Dios se manifieste en tu vida. Simplemente sustituye la interferencia por un pensamiento que sea coherente con la realización de tu sueño, como, por ejemplo: «Existe mi pareja ideal, existen personas buenas en este mundo y el amor llegará a mí en su momento, gracias, Padre».

Los oídos omniscientes de Dios te escuchan, conocen todo pedido y todo anhelo, y puedes estar seguro de que si todo está en orden, tu voz será atendida.

Ora así:

«Mi Dios, ¿qué palabras utilizo en contra de mi propio bienestar? Muéstrame las nuevas palabras y el nuevo pensamiento, y hoy mismo permitiré que tu bien llegue a mí sin interferencias. Amén».

DEJAR IR EL PASADO

No importa lo feliz o exitoso que alguien se muestre, si te sientas un rato a hablar sobre las experiencias de su pasado, te sorprenderás de que cada persona tiene «su historia y su biografía». Yo lo llamo el «currículo personal», otros lo llaman la «pedagogía del alma». Todos, sin excepción, hemos experimentado y viviremos diferentes lecciones desagradables, a veces al parecer sin sentido. ¿Cuántos tenemos un futuro que añoramos y otro que rechazamos?, pero la vida es aceptarlos como parte natural del jardín de las experiencias: algunas flores con color y perfume, otras repletas de espinas…

Si cambias el pensamiento, si perdonas, si aprendes la lección, existen menos probabilidades de repetir un error; el pasado tampoco define quién eres en el presente.

Ora así:

«Mi Dios, aunque no siempre comprenda el porqué de algunas experiencias, gracias por todas las lecciones que he experimentado, dejo ir el pasado y las asumo como necesarias en mi camino, para no repetirlas, aprender de ellas y ayudar a los demás».

LA CIUDAD DE LA PAZ

Una vez un caminante anhelaba llegar a un hermoso destino apodado la Ciudad de la paz. No caminaba solo, a su lado pasaban muchos viajeros con el mismo deseo de llegar a este lugar que les habían contado que era un espacio de paz, amor, belleza y tranquilidad.

Transcurrían los días y seguía la travesía, pero el caminante no entendía por qué él arrastraba sus pies, mientras otros pasaban a su lado trotando y hasta bailando. Pasaron muchas noches, seguidas por sus días, hasta que el caminante decidió preguntar a uno de esos que viajaba bailando: «Oye, amigo bailarín, ¿puedes decirme por qué no avanzo como tú en este camino?».

El bailarín, que en realidad era un ángel, se rio mucho, y le contestó así:

—Pero es que no vas solamente caminando, también vas arrastrando todo ese equipaje.

El caminante cargaba con siete maletas pesadísimas, llenas de polvo, barro y mal olor.

—Ven, te ayudo, miremos qué hay dentro de esas viejas maletas.

Con resistencia, el caminante sudoroso asintió y así comenzaron a abrir cada maleta, y esto fue lo que encontraron:

1. Recuerdos del pasado. Al abrir la primera maleta, vio los malos recuerdos de su niñez y de todo lo que había transcurrido en su vida, vio a lo que él se resistía, y supo que desde entonces tenía una gran carga de dolor.
2. Miedo. La segunda maleta estaba llena de todos los miedos y las inseguridades que fue coleccionando a través de su vida. Miedo a la muerte, a perder la seguridad, a hacer el ridículo, a ser traicionado, a ser un fracasado y un perdedor.
3. Culpa. La tercera maleta estaba llena de culpa por todos sus errores del pasado, por no haber sido mejor ser humano y por las frustraciones de no haber logrado la mayoría de sus metas.
4. Falta de perdón y rencor. La cuarta maleta estaba llena de falta de perdón, rencor y deseos de venganza por todo el mal que había recibido desde su nacimiento.
5. Las preocupaciones del presente. En esta quinta maleta estaba todo lo que no podía controlar, todas las cuentas por pagar, los problemas de la familia, las situaciones complejas en el amor, las enfermedades y los conflictos en el trabajo.
6. Nostalgia del pasado. La sexta maleta estaba llena de los mejores días del pasado, de los seres que vivieron y que ya no estaban, de los buenos tiempos.

El caminante entonces comprendió por qué debía dejar ir todas las maletas anteriores, pero seguía sin entender por qué dejar los hermosos recuerdos del pasado, lo único que él creía tener en sus manos. El bailarín le dijo:

—A veces lo mejor del pasado es precisamente lo que evita que disfrutemos de lo más bello del presente. Los recuerdos hermosos del pasado los mantienes en tu corazón, pero no en tu mente, ocupando el espacio que necesitas para disfrutar de tu presente sin comparaciones y crear un futuro nuevo sin las referencias del ayer y sus distracciones.

7. La última maleta era la más difícil de soltar, aquí se encontraban las expectativas del futuro: todos los nuevos anhelos, sueños para el mañana, la seguridad de estar acompañado en la vejez, seguro, en paz, feliz y tranquilo. Todo ello, aunque eran bellos deseos, también le creaban ansiedad; le producía miedo no poder lograr la tan anhelada felicidad.

El bailarín al fin convenció al caminante de ir con él a un lugar especial donde podría dejar seguro su equipaje. El caminante no estaba del todo convencido, pero le acompañó.

Cuando llegaron, el caminante se sorprendió al ver lo que parecía una gran terminal de aeropuerto, llena de miles de maletas de todos los tamaños y colores; en realidad, más que un aeropuerto parecía un basurero, lleno de neblina gris, del cual salía un olor muy fuerte. Las maletas se amontonaban en una gran montaña que casi tocaba el cielo rojo y gris.

El caminante pudo ver entre la neblina un rótulo que decía «Parque de la voluntad de Dios».

El bailarín le dijo:

—Ahora o nunca, amigo, es tu hora de soltar lo que te pesa en el Parque de la voluntad de Dios.

El caminante eligió soltar todo su equipaje, pero se sorprendió al escuchar que soltar no era suficiente, todavía le quedaban dos condiciones.

—¿Cómo? Lo he soltado todo –dijo–, ¿qué más tengo que hacer?

—La primera condición –le dijo el bailarín– es amar a Dios sobre todas las cosas, y la segunda, amar al prójimo como a ti mismo.

El caminante no entendía cómo probar estas condiciones.

El bailarín le dijo:

—El solo hecho de hacer la voluntad de Dios al entregar todas estas cosas muestra tu amor y confianza en él sobre todo lo demás.

Pero el caminante no entendía cómo iba a probar el amar a todos.

Cuando el caminante colocó la última maleta, un gran rayo de luz cayó sobre él, cegándole y haciéndole caer al suelo. Cuando volvió en sí, vio que todo aquel lugar horrible se había transformado en un hermoso paraíso, lleno de árboles, flores, cielo azul, y por doquier se respiraba un delicioso olor a rosas. No sólo eso, la ansiedad, la depresión y la angustia habían desaparecido.

El bailarín lo recibió con una sonrisa y justo a su lado pudo reconocer una presencia con los ojos más amorosos que nunca había visto, que tendiéndole la mano le dijo:

—Bienvenido a la Ciudad de la paz, te estaba esperando. –Era Jesús.

El caminante no podía creerlo, lloraba de felicidad cuando vio que su amigo bailarín partía en un coche muy desgastado.

—¿A dónde vas, amigo? ¿Cómo vas a dejar este lugar que es una belleza?

El bailarín le respondió:

—Voy a rescatar a otros caminantes para decirles cómo llegar a este lugar.

Sin pensarlo dos veces, el caminante besó los pies a Jesús y se fue con su amigo a ayudar a los demás a encontrar el camino. En ese momento el caminante había entendido la última condición: «Amarás a tu prójimo como a ti mismo».[3]

HOY PROMETO SOLTAR A LA VOLUNTAD DE DIOS TODO LO QUE ME PESA

Una vida auténticamente libre no es una elección de desapego, sino un regalo de gracia como consecuencia de caminar con él. No se trata de soltar algo, sino de recibir el regalo de gracia; a partir de ese día, te darás cuenta de

---

3. Es un cuento corto inédito de Sharon M. Koenig.

que ya no es necesario aferrarse a nada efímero, porque nuestras manos y nuestro corazón ya estarán colmados de su ser.

Cuando comiences a caminar con Dios se te mostrarán esas áreas que necesitas cambiar, pero para seguir a Dios necesitas soltar todo aquello que sin saber colocas en su lugar. La luz comienza a brillar cuando aceptamos que solos no podemos caminar con la linterna que se apaga, necesitamos la antorcha y el faro inagotable de nuestro Dios para iluminar nuestro eterno camino.

La invitación más valiente que puedes hacer se resume con estas palabras:

Dios, te permito, te cedo el permiso para que tomes control y dirijas junto a mí todas las áreas de mi vida; te suelto en especial las que no quiero cederte, porque son ésas precisamente las que más miedo tengo de soltar, y las que más dolor y sufrimiento me ocasionan.

CAPÍTULO

Prometo ser su *instrumento* en cada lugar y cada momento

> «Si servir a Dios es el fin de nuestras vidas,
> todo lo demás es sólo el medio para lograrlo».[1]
>
> —SAN IGNACIO DE LOYOLA

Servimos a Dios sirviendo a la humanidad. ¿Cuál es mi propósito? Ésta es la gran pregunta existencial del ser humano, pero la mayoría confunde el propósito con una meta: «Tengo el propósito de terminar la universidad», o quizás sea bajar de peso. En ambos casos nos referimos a un logro personal, y en ningún caso a la respuesta a la pregunta: ¿cuál es mi razón de ser?

La búsqueda del propósito quizás no sea tanto una odisea como una quietud para escuchar el llamado del alma en cada momento. Es la necesidad innata que todos tenemos de encontrar ese algo más que al fin dará sentido a nuestras vidas, esa pieza que nos falta y que nos hace sentir incompletos y vacíos.

---

1. St. Ignatius of Loyola, *The Spiritual Exercises of St. Ignatius of Loyola*. Trad., Elder Mullan. Evinity Publishing, 2009, Kindle. (Frase inspirada en los ejercicios espirituales de san Ignacio de Loyola: Ejercicio de la 2.ª semana: Preludio para tomar una elección).

¿CUÁL ES TU ORIGEN?

El origen significa la familia a la cual perteneces, junto a las coordenadas de tu procedencia. Ésa es la primera causa y es la primera pregunta. Vivimos en un mundo desorientado, donde muchos consideran la perspectiva de que la Tierra es todo lo que existe, que no hay un Dios Creador ni un tiempo después de la muerte, que no hay motivo ni razón de ser y que las cosas son porque son, sin causa para que existas. ¿Cuál sería el sentido de la vida, si después de tanto afán quedáramos olvidados, convertidos en polvo galáctico? Esto es sólo una limitada percepción de los que han olvidado su verdadero hogar.

Aunque nosotros olvidemos quiénes somos y a dónde vamos, Dios no nos olvida, porque, aunque a veces así pareciera, como buen pastor, nos recuerda y nos conoce como a cada una de sus ovejas; para él tenemos una identidad única e inolvidable en la eternidad, sólo él sabe para qué fuimos creados. Todos tenemos una razón de ser y un don especial para lograrlo. Existimos gracias al suspiro de su Espíritu, somos quienes somos por el solo hecho de que él nos ama.

«Hasta los cabellos de la cabeza él los tiene contados uno por uno».[2]

Es cierto que en este planeta todos somos extranjeros, pero al mismo tiempo, no debemos olvidar que somos herederos de la ciudadanía de nuestro verdadero hogar en el cielo. El pasaporte requerido para el regreso será el deseo de volver al Creador por medio del camino que nos trazó, para esto necesitamos renunciar a todo aquello que nos aleja de él.

Entre los sellos que llevará el propósito, no están nuestros logros personales, sino los que hemos conseguido con nuestros dones espirituales. Si Dios es la luz, ¿por qué nos empeñamos en caminar en la oscuridad? Si Dios es amor, ¿por qué muchos andamos con miedo?

El vacío que masivamente siente la humanidad se debe a que la mayoría ha olvidado su verdadera casa. No debemos negar el lugar donde nos encontramos, pero tampoco podemos perdernos en él de tal manera que olvidemos hacia dónde vamos.

---

2. Lucas 12, 7.

> Algunos dicen que tú eres un accidente, pero no estás aquí por accidente, tienes una razón de ser, un Padre, un lugar-cielo y un Reino que interiormente nunca has dejado.

«Somos ciudadanos del cielo».[3]

Dios nos dejó un prototipo, un diseño especial, fuimos hechos a su imagen y semejanza, nuestro más grande propósito al final es imitarle.

El propósito entonces es la razón de ser de algo o de alguien, por ejemplo, el propósito del oxígeno es dar vida a todos los seres vivientes. Existen trillones de células que viven en el cuerpo, cada una sabe su misión específica para el bien común, siguen sin resistirse a las directrices silenciosas de la gran inteligencia de Dios, que coordina todos los propósitos de este universo. Pero 7000 millones de seres humanos viven en la Tierra, ¿cuántos de ellos realmente conocen su propósito o están dispuestos a cooperar con su llamado?

EL LLAMADO

Aunque no sepas certeramente cuál es tu destino, tu plan interior, al igual que el de la semilla de un árbol, ya está asignado y tiene dentro de sí el diseño perfecto junto a todas las cualidades necesarias para expresarse. Sólo necesitas orar y permitir que se te muestre ese plan. Para encontrarnos a nosotros mismos, primero precisamos de Dios para que las raíces crezcan fuertes, rodeadas de valores, y las ramas se extiendan para regalar de sus propias semillas a los demás, continuando con el legado del amor a Dios, confiando en él y en su luz, sin tratar de adoptar ni forzar en ti los sueños o deseos de otros, o sea, los diseños de otras semillas.

Existe un orden, cada planta tiene su labor en la ecología del mundo y viene a trabajar en sinergia con otros frutos, minerales y animales. Cuántas veces forzamos a nuestros niños para convertirlos en un árbol

---

3. Filipenses 3, 17-21.

equivocado, cortamos sus ramas y matamos su fruto antes de nacer. ¿Cuántas veces tú mismo has cortado tus ramas, has dudado de la voz del corazón y has tratado de ser alguien diferente a tu naturaleza? Entonces hoy, antes de seguir tu día, sería válido que te preguntes: ¿qué árbol soy?

SER HERRAMIENTA

Cuando reconocemos que hemos nacido para servir a Dios, la búsqueda de esa razón de ser nos lleva por un camino muy diferente al que piensa que ha nacido para servirse a sí mismo.

La palabra «servir» proviene de «siervo», pero despojada del matiz de martirio y falta de derecho, su etimología nos muestra a alguien que trabaja voluntaria y alegremente en comunión con Dios. Un siervo es aquel que lleva el mensaje de la buena nueva de Dios a los demás.

El gran árbol es un mensajero de vida, nos brinda oxígeno, sombra, frutos y medicina. Su regalo no es exclusivo, ni tiene condiciones, ni exigencias de pago, vive dentro de una armonía que responde a las leyes básicas de la naturaleza, las directrices de Dios, ese sentido común que el ser humano ha perdido. No es preciso decirle al árbol que necesita asignar un tiempo para servir, su existir ya es un servicio. Cuando vemos el propósito en la naturaleza, observamos cómo su sentido siempre es para dar, nunca para sí mismo. Recibe lo necesario, da lo necesario. La naturaleza es una gran cadena de amor. El propósito para un ser humano sería la respuesta a la pregunta: ¿cómo puedo brindarte mis talentos?

Vivíamos felices hasta que nos convencieron de que no éramos suficiente y que no había suficiente. Con esa narrativa nació el consumismo, ese afán de poseer más allá de lo que necesitamos. Ya no éramos servidores de la humanidad, sino consumidores. Igualmente nació el fracaso, al pensar que tenemos mucho menos de lo que deberíamos, y que para ser felices, sobrevivir y ser aceptados, necesitamos obtener nuestro valor por las cosas de este mundo. No necesitamos más vendedores de deseos ni magos mostrándonos cómo hacer realidad más sueños, en su lugar necesitamos personas que regresen a Dios para comunicarnos la Verdad. En vez de aprender a vender, necesitamos desaprender el vicio de comprar lo que no necesitamos.

> En este mundo, la motivación se acaba en la consecución de una meta, pero la fe nunca termina, porque nos llega desde el mismo cielo y es eterna.

Cuando se piensa que este mundo es todo lo que queda después de la vida, nuestros esfuerzos serán dirigidos a tomar todo lo que se pueda ahora. En cambio, cuando se recuerda que sólo somos administradores temporeros de la Tierra y que nuestro hogar no es de este mundo, nos daremos cuenta de que el propósito no es buscar cómo ganar más, sino cómo vivir y dar más. Consiste en encontrar nuestro lugar para arreglar esta cadena rota y ser el pequeño anillo que mientras cumple su función, no se olvida del regreso.

Si te preguntas: ¿qué hacer hoy?, no se trata de regalarlo todo ni arreglarlo todo, tampoco de dejar atrás tus sueños de estar más cómodo o quizás, si eres un empresario, de ofrecer un producto más afín con tus valores. Pero ¿de qué te vale toda la comodidad del mundo si no tienes tiempo, paz ni sentido de vida para disfrutarlo? La paz, el tiempo y el propósito no tienen precio. El talento tampoco es una escalera ni una carrera (mal nombre, por cierto); es tu lugar en este mundo para mejorarlo, no sólo para beneficiarnos. Muchas personas se proponen subir la escalera corporativa, pero pocas hablan de subir la escalera espiritual que nos lleva al cielo. ¿Cuánto vale tu tiempo con los seres que amas?

No sólo nos sentimos infelices por no encontrar el propósito, sino sobre todo por no haber encontrado la plenitud. La infelicidad mira constantemente hacia sí misma y lo que le falta, mientras que la paz del propósito verdadero viene de mirar alrededor, agradecer y preguntarse ¿cómo puedo remediar?, ¿cómo puedo ayudar, cómo puedo ser instrumento de Dios para brindar lo que falta a los demás?, ¿cómo puedo compartir su buena nueva? El propósito no es una búsqueda que culmine con un encuentro consigo mismo ni con un solo don, sino que es una pregunta perpetua: ¿en qué puedo contribuir en este mismo momento al plan de Dios para hacer este mundo mejor, para que los otros regresen a su voluntad?

> **Prometo no olvidar que para encontrar mi verdadero propósito le dedicaré un trabajo diario; estaré dispuesto a escuchar y ser instrumento de Dios en cada momento, en cada segundo y en cada situación; estaré despierto y dispuesto a servir una vez más, a amar una vez más, con cada nuevo latido de mi corazón.**

Las lecciones en la vida, esas experiencias que te han marcado, no son un castigo ni tampoco son en vano; si puedes utilizarlas como parte de la universidad del propósito, no están perdidas.

«Muchos son los llamados, pero pocos los escogidos»,[4] no porque Dios no los escoja, sino porque la mayoría no lo elige a él. Todos podemos y tenemos el derecho de elegir el regreso y ser su instrumento al invocar su presencia, la cual sin duda será revelada de la forma menos esperada.

En el universo no existe tanto la escasez de ideas y propósitos como existe la escasez de valentía. En ocasiones, la escasez no viene por la falta de recursos, sino por la avaricia de algunos. Otras veces resulta por la falta de confianza en nosotros mismos y en un orden mayor que pueda guiarnos hacia el propósito verdadero; ese orden suplirá todas nuestras necesidades para llevarlo a cabo.

No tienes que ser el más talentoso ni pretender ser perfecto, a veces no es necesario estar entrenado o educado, tampoco es estar libre de miedos o sin recursos. Cuando trabajas para Dios, todas las puertas se abren, él te da su valentía y su fuerza, siempre y cuando le invitemos y estemos dispuestos a dejar el pasado, los miedos y la falta de confianza para hacer nuestra parte. Su protección y guía junto a tu propia fe te llevarán por caminos impensados, y desde ese momento su abundancia y protección siempre serán tus compañeras de viaje.

---

4. Mateo 22, 14.

EL MIEDO NO TIENE QUE SER UN IMPEDIMENTO EN LA VIDA

«No tengo miedo, nací para hacer esto».[5]

Debo confesar que tengo mucho miedo de hablar en público, afortunadamente me consuela saber que el miedo escénico es muy común; éste es uno de los miedos más grandes y frecuentes del ser humano, después del miedo a la muerte y el terror de «hacer el ridículo». Nace del miedo a no ser aprobados, que es lo mismo que el miedo de no ser amados.

Este miedo no es real, y para vencerlo siempre recuerdo que estoy ofreciendo un servicio y que Dios tiene un mensaje importante a través de mis palabras para ese público. Acepto mi miedo y lo convierto en un reto. Me ayuda mucho orar antes de comenzar una charla en público, en general rezo la oración del padrenuestro. Me imagino a Dios a mi lado, si él camina conmigo, ¿a quién puedo temer?, ésa es la ventaja de tener a un Dios cercano. La oración, la preparación y la práctica son absolutamente necesarias, además de recordar que ser principiante significa admitir que muchas cosas se aprenderán en el camino. El miedo, cuando es precaución, a veces ayuda; he cometido los errores más grandes por estar muy confiada, así que el miedo puede ser una alerta necesaria para prepararte mejor. Dios es mucho más grande que toda situación, con él igualmente creces en valentía y seguridad.

Cuando me siento cerca a Dios, el miedo automáticamente se va; cuando huyo del pensamiento de mí misma y me entrego a él, aunque no hable bien, aunque no luzca perfecta, aunque se me olviden algunas palabras, si quien me escucha puede percibir que ayudarle es importante para mí, la misión está cumplida.

Mi Dios, prometo ser tu instrumento en cada lugar y en cada momento, no temeré porque te invocaré cuando tenga miedo. Hoy te entrego mis sentimientos, mis miedos y todas mis emociones, sana mi alma, enséñame a aceptar y a tener paz ante los

---

5. Atribuida a Juana de Arco.

grandes retos de la vida. Sé que siempre estoy protegido, hoy recuerdo que contigo nada tengo que temer.

«Compénsame de lo que carezco, quiero hacer tu voluntad», Juana de Arco.[6]

Encontrar nuestro propósito conlleva esfuerzo y persistencia, pero nada es más agotador que tratar de evadirlo. Nos pasamos la vida huyendo de nosotros mismos, escondiendo nuestro ser auténtico tras corazas de miedo y protección. Cuánta lucha para nada, para tratar de sobrevivir al conformarnos con las limosnas de aprobación de este mundo, a cambio de esconder quiénes somos verdaderamente. El pago es muy poco, y el costo, demasiado alto: negarnos a nosotros mismos y negar al Creador y al mundo el beneficio de nuestro regalo. Antes de salir a buscar el propósito, primero se necesita buscar a Dios.

No tengo miedo a morir, más bien temo a tener que partir sin haber dejado la huella de mi verdadero propósito.

DIFERENCIA ENTRE SUEÑO Y DESEOS DEL EGO

Existen sueños de Dios y deseos del ego. El sueño verdadero expresa y da amor, mientras que el deseo necesita de un buen resultado para obtener su valor. No todos los sueños son parte de tu plan; existe una diferencia entre un sueño y un deseo del ego; el vacío no sueña, desea tener lo que quiere. Reconoces un deseo del ego cuando sientes ansiedad por alcanzar el objetivo de llenar ese espacio, porque se te va la paz y te llenas de un sentimiento de malestar poco saludable y muy frecuente llamado «ansiedad».

---

6. Susan Hellen Wallace: *Saint Joan of Arc (Encounter the Saints).* Pauline Books and Media, 2011, cap. 7, Kindle. (Trad. cast.: *Santa Juana de Arco.* Bogotá: Paulinas, 2012).

El sueño nace de un corazón lleno para compartirlo, mientras que el deseo nace de un corazón vacío para llenarlo.

El deseo de mejorar es un anhelo válido, todos tenemos el derecho de sentirlo, pero cuando este anhelo se convierte en una condición para la felicidad, no es esperanza sino añoranza, porque en vez de un sueño que viene de un corazón lleno para darlo, el deseo se convierte en una cadena que no te permite caminar y disfrutar de lo simple y hermoso del presente.

Un deseo que te quita la oportunidad de disfrutar tu paz no es un sueño, es una distracción de lo único que tienes y no regresa, el tiempo presente.

El sueño se forja para dar y compartir, mientras que el ego confabula para tomar y sobrevivir.

Cuando un sueño verdadero no se da, agradecemos y esperamos algo mejor, mientras que cuando no obtenemos un deseo del ego, sufrimos y pensamos lo peor porque equivocadamente creemos que (conseguir el deseo) es indispensable para nuestra supervivencia.

Ora así:

«Dios, dame el sueño por medio del cual pueda manifestar mi más alto propósito y el de los demás».

Cuando sientas que tienes un sueño, ora a Dios, suelta el resultado, confía y vive en el presente con amor, y Dios te sorprenderá con ese sueño o con uno mejor.

¿PUEDO HACER QUE MI MENTE ENCUENTRE EL PROPÓSITO?

Muchos hablan del poder de la mente y el pensamiento. Si albergas pensamientos negativos recurrentes, crearás miedo y angustia, y un corazón angustiado y aferrado a lo que quiere no es capaz de elegir correctamente. Pero una mente llena de positivismo, si no tiene a Dios, tampoco garantiza que elijas lo que es necesario para ti; una mente impetuosa puede lograr muchos de sus deseos, aunque éstos nos cuesten la salud, las finanzas y la familia. Esto no es poder mental ni positivismo, sino ambición desmedida. Una mente poderosa, pero sin la sabiduría y la guía de Dios, puede llevarnos a ignorar las señales de peligro y provocar que nuestro discernimiento se limite sólo a lo que concuerda con nuestros deseos. Tienes derecho a una justa recompensa por tu trabajo, pero ir tras lo que se quiere, a pesar de abandonar o colocar en peligro tu integridad, no es mentalismo, física cuántica, ley de atracción o magia, es consecuencia de un enfoque errado, porque no siempre lo deseado es lo que conviene. La vida no se cambia sólo por cambiar tu mente o tu ambiente.

Dios puede transformar tu corazón y sólo un corazón guiado por Dios puede darte vida. No es cambiar tu entorno ni buscar el arreglo de la vida por medio de logros y objetos, sino transformarla desde el interior. Todo lo que añades a tu vida externamente es una decoración, no un refuerzo verdadero a sus cimientos. Un árbol es tan frondoso y fructífero como la salud de sus raíces y cuán arraigado esté al terreno, también nosotros seremos tan saludables y fuertes de acuerdo a cuán aferrados estemos a la mano de Dios.

Antes de embarcar hacia la conquista de tus sueños, despréndete un momento de tus ardientes deseos. Obsérvalos, y en silencio, entrega tus anhelos a Dios. A veces la distancia y el tiempo son los mejores aliados para un buen juicio. Podemos poseer grandes conocimientos intelectuales, grandes ideas y grandes fortunas, pero si para encontrar el propósito, en vez de preguntarnos cómo me ven los demás, qué puedo conseguir, cómo puedo hacer para que me amen y me admiren más, nos preguntáramos cuál es nuestro origen, hacia dónde vamos, qué nos mueve día a día, qué quiere Dios de mí, nuestras acciones serían muy diferentes.

> El mayor riesgo de caminar en la Tierra no son los peligros innatos del vivir, sino el riesgo de olvidar quiénes somos. El gran problema de no recordar quiénes somos es que también corremos el riesgo de olvidar a quien nos creó.

Cuando estamos ocupados actuando con amor por el verdadero propósito, ya no tenemos tiempo de mirar al pasado, añorar el futuro o juzgar el presente. Pero cuando se está demasiado ocupado en nuestro trabajo sin tiempo para escuchar a Dios, esto tampoco es plenitud, sino un obstáculo para escucharle. La verdadera plenitud es reconocer que absolutamente todo viene de Dios, que nada nos pertenece, que todo es prestado y que necesitamos aprender a ser instrumentos y administrar sus dones, con sus instrucciones y voluntad.

Alimentar el agradecimiento, el propósito y la abundancia significa estar dispuesto a dar sin esperar nada a cambio.

La abundancia viene de saber que tu fuente proviene de lo divino, que tu valor está sellado por quien eres en el alma, no por lo que tienes en la materia. Es ser feliz y agradecer hoy lo que tienes, ya sea poco o mucho, y tener la certeza de que cada día recibes de él lo necesario y lo justo para llevar a cabo tu propósito. Tienes derecho a tu recompensa, a la abundancia, a la prosperidad, pero no a costa de tu paz interior o de tu integridad. Como dijo Henry David Thoreau en *Walden,* «El precio real de algo es la cantidad de vida que entregas a cambio».

El comparar constantemente nuestras pertenencias con lo que tienen los demás, o inclusive con lo que pensamos que deberíamos tener, es siempre motivo de infelicidad e insatisfacción garantizada. Si tienes mucho y piensas que no lo mereces, igualmente te sentirás culpable y tampoco te hará feliz.

Desde hoy permito que seas tú el administrador de mis dones, te agradezco mi abundancia presente y

reconozco que eres tú quien cada día suple todas mis necesidades, tal como dice la oración del padrenuestro: «Dame hoy tu pan de cada día»; estoy en paz porque tengo la certeza eterna de que contigo a mi lado nada puede faltarme.

Dar es no exigir recompensa; a veces nuestros esfuerzos no guardan relación con lo recibido: algunos hacemos mucho, pero recibimos poco, otras veces hacemos poco y llegan grandes sorpresas cuando menos las esperamos. Al final todo es un gran regalo.

Si piensas que no hay suficiente, tampoco sentirás que tienes suficiente, aunque tengas todas las posesiones del mundo.

El sentido de la vida no es descubrir un propósito, sino descubrir cómo ser instrumento para llevar el amor de Dios a su creación en cada momento.

PROMETO SER UN MENSAJERO DE TU AMOR

Para llevar a cabo tu verdadero propósito no necesitas ser un profesional cualificado, pero sí necesitas estar dispuesto (listo), disponible (libre de ataduras) y responder al llamado de Dios (por medio de la acción amorosa y tu presencia). Todos tenemos una buena razón para no estar haciendo lo que tenemos que hacer respecto a nuestra misión de vida. Sólo que ninguna de esas razones puede llenar el vacío de no estar en «tu lugar».

Hoy estoy dispuesto a escuchar la voz de mi corazón, que es el eco de tu voluntad. Padre, ¿en qué puedo servirte?

A veces el miedo nos vence; eso que sueñas compartir con los demás, eso que parece imposible, que no osas siquiera verbalizar por creer que eres demasiado poco, que no tienes los recursos ni el tiempo, y

166

menos el talento, porque seguramente existen miles de personas mejor cualificadas que tú para llevarlo a cabo, es probablemente el verdadero propósito que quiere nacer de tu alma, pero la razón, el miedo y las opiniones de los demás lo niegan. No olvides que cuando caminas con Dios, él es quien abre las puertas, y no te preocupes, también es quien te las cierra si aún no estás preparado.

Todos nacemos con una riqueza interior, un don, un regalo que Dios nos ha dado para el mundo. ¿Qué hicimos con ese don?, ésta es la pregunta que algún día nos haremos al final de la vida, pero que deberíamos hacernos cada día.

No se trata de correr tras el propósito, sino estar abiertos a Dios para que llegue a nosotros, recibiendo sus instrucciones día a día.

¿QUÉ SIGNIFICA SER INSTRUMENTO?

Todos somos parte de una gran sinfonía universal, donde cada cual es un instrumento. En la orquesta de la vida hay un violinista y un pianista, pero también está el que toca el bajo, todos son igual de importantes a la hora de ejecutar la melodía, no importa que seas una pequeña campana, porque en la gran presentación todos guardarán silencio para que se te escuche. Sin importar que seas grande o pequeño o que tengas un papel protagonista o de reparto en la escala de los instrumentos, lo importante es tu participación, porque sin ella la gran sinfonía estaría incompleta. Su espíritu es el soplo que te hace vibrar, Dios es el indiscutible director de la orquesta y también el compositor, sabe y conoce muy bien tu parte en este mundo.

Cada ser humano tiene una canción, es parte del coro de la sinfonía de la humanidad, pero a veces la callamos por miedo a desafinar, pensamos equivocadamente que no somos necesarios, pero la gran sinfonía no está completa sin tu canción; el mundo necesita de tu voz. El fray Larrañaga nos dice en su libro *Encuentro:* «Por el trabajo nos convertimos en compañeros y colaboradores de Dios y en artífices de nuestra historia».

Tu melodía es aquella que sale de tu corazón y se expresa sin necesitar explicación, actuación, justificación, recompensa, valoración ni permiso. Es lo natural para ti, sólo eres feliz cuando la expresas y no necesita una remuneración, porque la recompensa es servir con tu regalo. Cada ave tiene su canción, y a veces no es una canción, sino el regalo de un bello plumaje de color. Cada ser humano tiene su melodía en la gran sinfonía del universo.

El verdadero y más alto propósito de todo ser humano es imitar a Dios, regresar a los brazos del Padre y ayudar a otros a recordarlo. Un día en que no recordemos a alguien cuánto Dios lo ama es un día perdido.

Hoy cumplo mi promesa de servir y ser instrumento de Dios en cada lugar y en cada momento, no olvidaré quién me creó y luego colocaré mi voluntad al servicio de su Ser. Le preguntaré a diario: Dios, ¿cuál es mi promesa contigo? ¿Cuál es mi regalo? ¿Cómo puedo servir a los demás? ¿Qué me impide servirte? ¿En qué parte de mi vida no estoy equilibrado? ¿De qué manera no estoy aprovechando o creyendo en mi don? ¿Qué regalo dejaré a otras generaciones? ¿Cómo puedo vivir la verdadera dicha hoy? Si mi propósito es ser como tú por medio de la invitación y la imitación de Jesús, ¿cómo puedo ser más semejante a ti?

CAPÍTULO

Prometo *vivir* con integridad y verdad

«Cuando un hombre descubre sus faltas, Dios las cubre.
Cuando un hombre las esconde, Dios las descubre, cuando
las reconoce, Dios las olvida».[1]

¿Qué significa ser íntegro? Cuando describimos algo «integral», hablamos de su forma completa. Tal como nos referimos a un grano para hacer harina, lo íntegro significa entero, no tocado. Para ser felices necesitamos estar completos y no fragmentados. ¿Cómo nos rompemos? La pureza de algo se desvirtúa cuando se altera su naturaleza, en otras palabras, cuando algo es adulterado, mezclado o cambiado del objetivo para el que fue creado. Somos amor, todo lo demás está de más.

Un ser íntegro es un ser que no permite ser tocado por
la oscuridad.

A veces, las leyes terrenales sólo están hechas para poner orden al desorden. Dios todo lo ve, las leyes celestiales no pueden ser anuladas por las leyes terrenales; ellas son los límites para la inconsciencia, están hechas para protegernos de nosotros mismos; mientras menos concien-

---

1. San Agustín de Hipona, *Confesiones*, traducidas según la edición latina de la congregación de San Mauro, por el R. P. Fr. Eugenio Ceballos, libro 1, cap. V. Página accedida 29 de abril de 2024, www.cervantesvirtual.com/obra-visor/confesiones--0/html/ff7b6fd2-82b1-11df-acc7-002185ce6064_4.html#I_9_

cia más leyes. Recuerdo un viaje a un país lejano donde había finos caballos con hermosos carruajes. Muy curiosa, se me ocurrió preguntar si en ese lugar existían leyes para protegerlos, el conductor me miró indignado y me respondió seco: «¡No necesitamos leyes, sabemos lo que necesitan nuestros caballos y los cuidamos!». Si todos tuviéramos una noción del bien, no harían falta las leyes, pero las leyes terrenales no siempre nos indican qué es lo correcto. Lo incorrecto no se puede volver aceptable porque muchos lo practiquen.

Si analizamos en profundidad la palabra «salvar», viene de *salvare* y también significa «entero». Muchos tenemos la intención de seguir la voluntad de Dios, pero estamos divididos, y nuestras acciones no siempre siguen lo ideal; por lo general buscan lo que es conveniente, como cuando existe una marcada incongruencia entre lo que pensamos, lo que hacemos y lo que decimos. Nuestras acciones son la forma más poderosa de comunicación. Como dijo Emerson: «Lo que haces grita tan fuerte que no deja escuchar lo que estás diciendo».

Ser íntegro no es ser perfecto, sino ser la versión auténtica de nosotros mismos.

CÓMO RECONOCER LA VERDAD

Todos tenemos un contrato del alma, cuando nos alejamos de ese contrato, nuestro cuerpo sufre. A veces estamos en negación o simplemente no podemos reconocer el camino correcto. Por lo general, un malestar recurrente en forma de angustia es la forma de dejarte saber que tienes una incongruencia interna. ¿Qué siento hoy? ¿Qué están diciendo al mundo las acciones y elecciones que hago en mi vida sobre quién soy? Con tanta confusión es necesario tener un marco de referencia por el cual regirnos que no sea tan tambaleante como el mundo. Para aprender a encontrar la verdad, primero necesitamos recordar quién es la verdad.

Cada acción que va en contra del amor, va en contra de la voluntad de Dios, y lo que va en contra de nuestro más alto bien finalmente nos causará dolor y sufrimiento. La palabra «pecado» está relacionada con culpa o castigo, pero realmente significa «error», «infracción», o «tropiezo», no tanto contra Dios, él es inalterable, sino contra nosotros mismos. Perdemos la verdad cada vez que faltamos a nuestra integridad en el plan del alma, pero ¿qué es lo que nos lleva a errar? ¿Qué nos lleva a faltar?

Tal como niños desobedientes, necesitamos una valla de seguridad para no caernos por el precipicio de la curiosidad. Vivimos en un mundo lleno de dulces y los queremos todos. Unos dicen que nacimos buenos y otros dicen que nacimos malos, pero una cosa sí es cierta: en este cuerpo siempre seremos provocados por todo tipo de circunstancias, retos, distracciones y placeres, algunos de los cuales no sólo pueden arruinarnos esta vida, sino la otra también. Necesitamos una guía para regresar a nuestro centro. Es curioso que la palabra «pecado» en griego se conozca como *hamartia,* que es fallar en el juego de arco y flecha. Aristóteles originalmente usaba la palabra *hamartia* para describir esa cualidad que llevaría al protagonista de una obra a una acción cuya consecuencia provocaría una cadena de acciones trágicas.

LA CULPA

Tan dañina es la culpa enfermiza por nuestras tendencias de desobediencia y error como lo es la confianza ciega en nuestra propia habilidad de mantenernos lejos del error, sin contar con la guía de Dios.

No se llega a Dios por la culpa o el miedo, se regresa por el corazón. En la tradición de los primeros padres de la Iglesia no describen el pecado original como una mancha transmitida, sino como «la primera vez cuando nuestros ancestros erraron» porque se apartaron de Dios.[2]

Esa primera separación fue un error; el resultado de la percepción del bien y del mal cuando antes *todo* era bueno, lo que tuvo sus consecuencias de enfermedad, debilidad y muerte física. Si Dios es todo, ¿cómo puede haber enfermedad? Aunque no somos culpables, somos herederos de esa percepción, de hecho, nadamos en esa consciencia dividida. Al mismo tiempo, «todos somos miembros de un mismo cuer-

2. Kallistos Ware: *The Orthodox Way.* Nueva York: St. Vladimir's Seminary Press, 1995, p. 61.

po», lo que afecta a uno, nos afecta a todos. Nos caemos solos, pero nos levantamos unos a otros.

No somos culpables del estado de un planeta dividido ni de la separación original, pero somos responsables de elegir el regreso. Es importante tener juicio, pero no enjuiciarnos ni enjuiciar a otros, sino seguir las tendencias innatas del amor y del bien, sin mirar a quién.

Necesitamos un norte para no perdernos, porque, aunque nos consideremos «buenos», necesitamos ser humildes y reconocer que a veces, sin que nos demos cuenta, el ambiente nos contamina. Cuando se camina con Dios, la conciencia y la molestia interna, tal como una piedra en el zapato, nos ayuda identificar el camino incorrecto. La conciencia es la brújula que te hace reconocer lo que hay que soltar, disculpar, entregar y modificar. Hasta Jesús mismo dijo: «¿Por qué me llamas bueno? Sólo Dios es bueno».[3]

Por más hermoso y puro que sea el pez, si lo colocamos en un estanque con agua impura, finalmente se contaminará, o peor, se acostumbrará. En mi antigua casa tenía un estanque con decenas de peces *koi*, similares a los que tienen algunos restaurantes japoneses. Un día noté que el agua estaba demasiado turbia y di instrucciones para cambiarla, cuando el jardinero me alertó de que, si le colocaba el agua limpia de repente, morirían, porque ya se habían acostumbrado al agua sucia. Así somos nosotros, nos hemos acostumbrado, algunos ya no saben la diferencia y repelemos el bien.

ENEMIGOS OCULTOS DEL CAMBIO HACIA LA INTEGRIDAD

«Eres tan bueno como la compañía que mantienes».

—FRANK SONEMBERG

Negar el mal no significa que éste no pueda afectarnos.

---

3. Marcos 10, 18.

Eres tan bueno como la suma de tus amigos. Por esta razón debemos estar alertas, no pedir ni escuchar consejos de quien no camina de la mano del amor. Para llegar a tu meta ¿pedirías direcciones a una persona que ha perdido el camino y que no sabe dónde está su destino? Cuántas veces hemos tenido la intención de hacer un gran cambio en nuestras vidas, sea trabajo, una relación, alimentación, una adicción, formas de ser, sólo para encontrarnos con una gran pared de resistencia, tanto de los demás como de nosotros mismos. Amigos que en ocasiones nos invitan a recaer o peor aún, a ignorar nuestros ruegos del alma, llevándonos a darnos por vencidos antes de comenzar. «No seas tonto…». «Dios es una falacia». «Toma esto, sólo por hoy». «Todo el mundo lo hace». «La vida es una». «Haz lo que sientas, nadie paga tus cuentas». No olvides que la mayor parte del tiempo las personas sólo ven el reflejo de lo que llevan dentro. Ven lo que son. Entonces es mejor saber a quién preguntar.

EL LAGO AZUL

Escuché en una ocasión una historia referida a un lugar muy remoto alejado de la civilización, donde vivía una pareja de jóvenes esposos en compañía de la madre de él, ellos disfrutaban la paz y armonía del paisaje y se paseaban en medio de la naturaleza. Cierto día, mientras el joven conseguía lo que iban a comer al día siguiente, la muchacha llegó llorando hasta donde su suegra y le dijo: «Mi esposo se irá con otra mujer, ella es hermosa, donde quiera que mires la ves».

La madre le acarició el cabello y la abrazó asegurándole que eso no era posible porque su hijo la quería mucho, pero la joven lloraba desconsoladamente hasta que la señora le pidió que la llevara a ese lugar para ella ver con sus propios ojos a la mujer que se aparecía en el lago.

Cuando la muchacha le mostró uno de los lugares donde la había visto, la mujer se inclinó y volvió sonriente hasta donde la esperaba su nuera: «No te preocupes –le dijo–, esa pobre mujer es muy fea y muy vieja, ya perdió hasta los dientes y mi hijo no te va a cambiar por ella».

Ninguna de las dos sabía que habían visto su propio reflejo en el espejo del agua.[4]

Moraleja: La negatividad es como una neblina que empaña nuestro cielo. Vemos fuera lo que llevamos dentro del corazón, sea odio o belleza, lo cual sin saberlo aceptamos como verdadero; vemos lo que queremos ver.

PEDIR AYUDA

La negación puede ser un impedimento muy grande cuando estamos caminando con Dios y estamos tratando de hacer cambios hacia la integridad. Para reconocer a nuestro verdadero ser, a veces necesitamos otra perspectiva. Dejamos de ver cuando una situación es demasiado familiar para nosotros.

Todo escritor sabe que corregir un manuscrito no es fácil y resulta muy curioso que cuando lo has leído demasiadas veces, el cerebro esconde los errores y pierdes la habilidad para verlos. Es impresionante cómo mis ojos rellenan los errores y, aunque lo que lea no esté correcto, hacen que lo que está en el papel se vea correcto. En error somos capaces de llenar los blancos, colocar acentos e inventar palabras que no están, por eso necesito de un editor. Entonces es necesario tomarme un tiempo, alejarme del papel y aceptar ayuda para que alguien que no haya visto el documento corrija desde una perspectiva fresca lo que ya no puedo ver, no porque no quiera hacer lo correcto, sino porque ya no veo.

En la vida es igual, necesitamos la humildad de pedir ayuda, a veces fuera de la familia, porque existen ocasiones en que ellos también están demasiado cerca para ver o son parte del problema; otros prefieren no decir la verdad y evitar confrontaciones. Nunca pidas ayuda a alguien que pueda beneficiarse de tu elección. Nosotros también rellenamos los blancos, escondemos los errores y no vemos.

---

4 Cuento tradicional.

La recompensa más grande es la paz que podemos sentir mientras caminamos en este mundo haciendo el bien; la misma paz que sentiremos cuando, finalmente, lo dejemos.

INTEGRIDAD DE PALABRA

La palabra es el altoparlante de tu corazón, el silencio es el receptor. La palabra es poder, podemos ser portadores de la verdad o ser promotores del mensaje equivocado al hacerlo por aprobación, lo que sería desperdiciar ese don. La mejor terapia es escucharte a ti mismo para caer en la cuenta de lo que dice tu corazón, la escritura por medio de un diario es un buen ejercicio, lo mismo que cuando vas a un terapista, una técnica que utilizan es repetir lo que dices para que te des cuenta de lo que tienes en el pensamiento. Somos capaces de bendecir, que es afirmar el bien, o maldecir invocando el mal propio o ajeno. Lo que dices y hablas se rige por los principios y valores aceptados en tu corazón.

LOS PRINCIPIOS

Principio significa la primera causa de toda acción, la valla de seguridad que evita que nos caigamos en el precipicio. Si nuestros valores están comprometidos sólo con lo que nos hace sentir bien y si primero no hemos hecho un pacto mayor con la voluntad de Dios, corremos el riesgo de caer en un sufrimiento. ¿Qué hacer cuando la mayoría elige hacer lo inaceptable? ¿Puede lo inaceptable convertirse en aceptable? ¿Invalida lo correcto? Cuando una acción es llevada a cabo por suficiente gente, es aceptada por la mayoría, aunque no sea la ideal; es como una ola de influencia que te lleva. Existen países que respetan sus leyes de tránsito y otros que no; algunos que protegen los derechos humanos y otros que no.

Seguimos las reglas de la cultura en silencio. Sucede lo mismo con los hijos: «¿Mamá, por qué mi amigo puede llegar tarde y yo no?». Sucede con la cultura moderna, cuando parece que la mayoría aprobara las drogas o el sexo casual. Algunas drogas que fueron prohibidas ayer, hoy son aceptadas. Vivimos en un mundo desproporcionado, no hay duda de que el ambiente puede afectar nuestro libre albedrío, es por eso por lo que, para hacer la voluntad de Dios, necesitamos precisamente la ayuda de Dios.

Muchas personas me preguntan cómo ser espiritual en medio del mundo material, me parece una muy buena pregunta. Dado que me considero una mujer moderna, no vivo aislada, resido en una gran ciudad, expuesta a los negocios, las personas y el tráfico, no siempre es fácil evitar las caídas. Muchos nos recomiendan que fluyamos con la corriente, que sigamos nuestra voz interior, pero encuentro que seguir la verdadera voz de Dios, la mayoría de las veces significa ir en contra de la corriente del mundo. Dios sabe que no soy perfecta, pero no se trata de perfección, sino de hacer el esfuerzo de conectar con nuestro yo interior, escuchar las alarmas internas, y regresar al camino del bien, lo que es un freno interno que nos protege de todo aquello que no conviene. Si no escuchamos, una crisis puede ser una manera del alma de llamar nuestra atención. No es extraño ver cómo tu propio cuerpo se rebela cuando está fuera de su camino, por ejemplo, por medio de un dolor o una enfermedad.

Otras veces ir a Dios no nos resulta conveniente, especialmente cuando nos encaprichamos en hacer algo que no es nuestro mayor bien. Pero no se trata de suprimir deseos equivocados, la verdadera transformación no se manifiesta cuando aprendemos a controlarlos, sino cuando ni siquiera los consideramos como alternativa. Me decía mi mentor que el verdadero libre albedrío no sirve para elegir entre el bien y el mal, sino para elegir lo mejor entre dos bienes.

LECCIONES DE INTEGRIDAD EN LA ETERNIDAD

La mayoría de las lecciones de la espiritualidad popular muestran prácticas para sentirse bien o conseguir cosas en el ahora, en esta vida, pero pocos se preocupan por preguntar qué nos hace falta hacer precisamente en este ahora para la próxima vida. No se trata de vivir paralizado por el miedo, ni pensando en lo peor, pero la vida es muy corta y la eternidad es muy larga para no llevar el equipaje necesario, no se trata de logros, sino de los frutos de la siembra espiritual en la Tierra.

Algunos piensan que la eternidad queda en el futuro, pero la eternidad es lo que vivimos ahora, porque la vida no termina con la muerte; ni las deudas, ni la recompensa, ni la consecuencia, nada termina aquí. No hablo de culpa, manipulación o miedo, sino de la pregunta que me hice mientras estudiaba estas 12 promesas del alma: ¿para qué prometer?

> Sembrar para nuestra otra vida es de sabios. La eternidad es un tiempo demasiado largo como para equivocarnos.

No creo en castigos eternos, pero sí creo que existen las malas elecciones que tienen largas consecuencias. Tener una deuda en el alma debería ser tan incómodo como el hecho de sentirnos avergonzados en la Tierra por cuentas sin pagar. No por el sentido de culpa, sino de conciencia. Si hay una manera de absolución de nuestras deudas espirituales en la Tierra, aquí y ahora, entonces por qué no acogernos a la amnistía celestial. Volver a Dios es la solución, mientras que la culpa sólo busca imponer un castigo, Dios busca que superemos una lección. No hay sanación en el castigo, únicamente hay sanación al regresar a Dios, perdonar y entregar tu falta y la de los demás.

«Cuando hay amor no hay miedo; todo lo contrario, el amor perfecto echa afuera el miedo, ya que el miedo supone castigo, por eso si alguien tiene miedo es resultado de que no ha llegado a amar perfectamente. Nosotros amamos, porque él nos amó primero».[5]

Si el corazón está verdaderamente purificado por el perdón de Dios, resultado del verdadero disgusto de una acción errada, esa falta será corregida en el cielo. Jesús nos mostró que un perdón verdadero es instantáneo, que el tiempo para corregir es ahora. Lo mostró en el último momento, cuando en su propia crucifixión, el criminal a su lado

---

5. 1 Juan 4, 18-19.

le invocó: «Recuérdame en tu Reino», Jesús le respondió de inmediato: «Te aseguro que hoy estarás junto a mí en el Paraíso».[6]

Lo más importante es tener la conciencia de ver, admitir y reconocer esa falta, e invocarle con humildad, como hizo el criminal, lo que es el verdadero arrepentimiento. Sin conciencia no se ve. Todos cometemos errores, el encomendarnos a Dios directamente, con humildad, o por medio del rito de nuestra Iglesia, o de rodillas en nuestra habitación es siempre un buen comienzo.

EL CUERPO Y LA INTEGRIDAD

La negación del cuerpo no nos lleva a su maestría, pero su culto e idolatría tampoco. A veces colocamos nuestros deseos temporales por encima de los valores eternos. Toda elección que se hace fuera de lo que dicta tu alma, se hace pensando equivocadamente que el pago inmediato de placer es más grande que tu paz interior. Recuerda que el placer y la pasión son efímeros, pero los efectos de nuestras decisiones pueden ser a largo plazo.

Hacer guerra contra el cuerpo tampoco es sano, el rechazar, negar y no aceptar que también somos cuerpo es el extremo opuesto de esta lección; no somos un espíritu atrapado dentro de un cuerpo y tampoco somos entidades separadas, somos el conjunto de cuerpo, emociones, pensamientos, ideas y sensaciones; mientras más nos aceptemos, y nos acerquemos a Dios, más afines a su propósito serán sus frutos.

EL SEXO FUERA DE CONTEXTO

Los fanáticos tienen una visión de moral inalcanzable, y precisamente son los primeros que caen. El sexo es parte de nuestra naturaleza y tiene una función: está diseñado para reproducirnos y también es una fuente de expresión de amor en el contexto de una relación sana, no es malo ni sinónimo de pecado, pero se puede fácilmente desfigurar su función.

---

6. Lucas 23, 42-44.

C. S. Lewis compara el sexo con la comida,[7] que es buena y también es una necesidad, pero si visitáramos el teatro de un pueblo y éste colocara un plato de comida en el escenario, como un espectáculo en una tarima, para que todos lo vean con ojos de gula, pensaríamos que algo anda muy mal con esas personas. Algo anda muy mal con nuestra obsesión por el sexo cuando pensamos que es nuestra arma para conseguir amor, seguridad, admiración o entretenimiento. El problema surge cuando se utiliza la sexualidad para obtener poder, porque ese poder merma con el tiempo, y es mejor comenzar a desarrollar otras formas para expresarnos que sean duraderas, como es la compasión, la espiritualidad, la profundidad, el humor, el amor y la conversación.

> Las cosas valiosas no son fáciles, por lo general están muy escondidas, como los diamantes, el oro y el petróleo. Quien muestra en exceso y regala su cuerpo, en algún momento olvidó su verdadero valor.

Es natural sentir, pero no es natural ni de humanos actuar por cada sentir. Por ejemplo, el cuerpo puede tener la tendencia de disfrutar mucho del alcohol, pero cuando el alcohol toma dominio sobre ti, aunque sientas que lo deseas, aunque todos tomen, eso no es lo que Dios quiere para ti.

Es importante no exponerte a situaciones que te lleven a faltar a tu integridad, no sólo con acciones muy evidentes, sino con las que parecen inocentes, como ser parte de un grupo de personas practicando algo que no resuena con tu integridad, una página de Internet, una foto, una película, malas amistades, una canción. Realmente, antes de llevar a cabo una acción equivocada, ya el deseo ha entrado por los sentidos y de la forma más inocente. No es que todo sea malo, pero es oportuno que te preguntes: ¿qué valores te muestra lo que estás viendo, escuchando y compartiendo? Procura buscar ayuda cuando aún cierto comportamiento es sólo una idea, y si ya has caído, por ejemplo, en

---

7. C. S. Lewis: *Mero cristianismo*. Madrid, Rialp, 2014, pp. 113-114.

una relación tóxica, busca ayuda nuevamente; siempre puedes equivocarte, pedir perdón, corregirte y regresar al buen camino, no porque Dios lo necesite, sino porque tú lo necesitas para tu salud y tu paz.

El cuerpo es la crisálida del alma.

INTEGRIDAD EN LA PAREJA

Una de las áreas más propensas a la pérdida de la integridad es el área de la pareja. ¿Cómo encontrar el amor verdadero? ¿Cómo evitar el abuso en una relación? ¿Cómo terminar una relación en la que ya no hay amor? La atracción física o material, en cualquier momento se termina, no son valores eternos. Si surgen altibajos económicos, o una enfermedad, los logros son un trofeo que terminan en polvo. Igualmente, una relación sexual por pasatiempo o conveniencia, sin compromiso, es una relación que finalmente causará sufrimiento a cualquiera de los dos. Sólo el verdadero amor vence lo pasajero.

OBSTÁCULOS PARA CAMBIAR

El primer paso para la verdadera liberación, que nos permitirá caminar en la fe, es la aceptación de esa vulnerabilidad que tenemos de errar. Nuestras transgresiones son reales, pero su sentido se ha desfigurado de tal modo que mientras un lado de la nueva espiritualidad las niega por completo, el otro lado nos condena eternamente. Culparnos en extremo tampoco es la salida. También es importante recordar que las transgresiones no son hacia Dios, son siempre hacia a nosotros mismos.

La calma no es igual que la paz. El opuesto de la responsabilidad –que no es culpa, sino responder a lo ocurrido– es la negación y la indiferencia, de nada te vale sentirte en calma si no puedes dormir. La calma aparente es creada por la voluntad de no mirar, mientras que la verdadera paz es un regalo de Dios que viene de tu compromiso de responder cuando miras con la integridad del alma. El relevo de la culpa por medio de su negación no sana el pasado. Antes pensaba que nadie era culpable, ahora prefiero reemplazar la palabra «culpable» por «responsable». La culpabilidad enferma busca castigo, mientras que el arrepentimiento del corazón busca el cambio de dirección por medio del perdón y la redención. Busca transformar, no castigar.

El negar la responsabilidad de una falta da más fuerza al error, en cambio, la aceptación, dejar de cometer la acción y pedir el perdón de Dios, son lo único que puede abrir el camino para borrar un error de los archivos y liberar nuestra alma de su peso. El primer requisito para admitir un error es la humildad, y el segundo, la aceptación. El tercero es el amor a Dios, que es el viento que con su soplo borra cualquier error.

PASOS PARA LA LIBERACIÓN

1. Reconocer nuestra naturaleza frágil (no, no somos perfectos).
2. Reconocer nuestra vulnerabilidad (no, no somos Dios y solos no podemos liberarnos).
3. Reconocer nuestros errores (errar es real).
4. Tener humildad para pedir perdón por nuestras faltas (decir «lo siento profundamente», arrepentimiento).
5. Invocar para poder ver con los ojos de Dios.
6. Perdonar, perdonarnos a nosotros mismos, sabiendo que Dios te ha perdonado (me perdono porque, mi Dios, tú me has perdonado; si tú me perdonas, ¿quién soy yo para no perdonarme?).
7. Vivir en paz, orar, no volver a errar, pero si lo haces, debes volver al paso uno. Esto ocurrirá muchas veces. Dijo Jesús a la mujer adúltera que salvó de ser apedreada a muerte por su pecado de mano de los maestros de la ley: «Yo tampoco te condeno; ahora, vete y no vuelvas a pecar».[8]
8. Remediar, si es posible.

La confesión o pedir perdón a Dios es como limpiar las rodillas cuando nos hemos caído, proceso necesario para la paz.

---

8. Juan, 8.

PARA VIVIR EN INTEGRIDAD Y EN VERDAD

Para vivir en integridad con Dios, con nosotros mismos y con los demás es imprescindible la promesa del respeto y el amor. Dios nos dio una guía por medio de los mandamientos.

De la misma manera, Jesús nos mostró los dos mandamientos más importantes: «El primer mandamiento y el más importante es el que dice así: "Ama al Señor tu Dios con todo tu corazón, con toda tu alma y con toda tu mente"».[9]

Prometo no perder la fe y creer en ti sobre todas las cosas. Prometo no olvidar que eres todo amor. Te colocaré sobre todas las cosas y nunca habrá otros ídolos en tu lugar, sea dinero, reconocimiento, poder o personas. Prometo agradecerte por toda experiencia, relación y pertenencia. Te daré las gracias por cada don, regalo y éxito, al igual que por cada final. Padre, prometo caminar hacia ti, hablarte y contar contigo para toda acción, obra y pensamiento.

Prometemos no colocar las cosas de este mundo por encima de su voluntad y ser su instrumento en cada lugar y en cada momento. Comunicarnos con él cada día por medio de la oración, y tomar un día para realizar una pausa y congregarnos en su nombre en la iglesia que más refleje nuestras creencias para recordarle.

Dijo Jesús «El segundo mandamiento en importancia es parecido al primero, y dice así. Cada uno debe amar a su prójimo como se ama a sí mismo. En estos dos mandamientos, se basan toda la ley y todos los profetas».[10]

Si amamos al prójimo como lo amó Jesús, lo haremos incondicionalmente. A nuestros padres igualmente prometemos amarlos, perdonarlos; escuchar sus consejos; esto también significa recordar que

---

9. Mateo 22, 37.
10. Marcos 12, 30-31.

fueron elegidos para traernos al mundo. El amor no es sentimentalismo, sino expresar el sentir por medio de la acción.

Hayan sido buenos padres o no, somos responsables de ayudarles en la necesidad, en la enfermedad y en la vejez. Así mismo lo haremos con nuestros hijos, pues somos responsables de guiarlos en el camino del bien. En lo posible, prometemos mantener los lazos con nuestra familia por medio del perdón.

EL BENEFICIO DE LA CONFESIÓN

Cuando se elige regresar a Dios, nuestra voluntad limitada se une a la gran gracia especial del Espíritu Santo para elevarnos a la presencia divina. La paz viene de la certeza de saber que mi poder de elección trabaja con el suyo, que puedo errar muchas veces, pero al final él mira mi perseverancia, conoce mi corazón. Él está a cargo; con Dios nada tengo que temer. Esto se refleja en las palabras del papa Francisco: «Dios no perdona por un decreto, sino por medio de una caricia».[11]

Para vivir el beneficio de la confesión es suficiente decir:

Mi Dios, Padre nuestro, hoy regreso, hoy vuelvo a ti.

Y para los que todavía temen, orar así es suficiente:

Mi Dios, tengo miedo y duda, pero estoy dispuesto a mejorar, por favor, trabaja las transgresiones conmigo y libérame de cualquier pecado.

Para los que practican el rito de la confesión, el acto de contrición, es muy beneficioso.

---

11. Papa Francisco, misas matutinas, lunes 7 de abril de 2014. www.vatican.va/content/francesco/es/cotidie/2014/documents/papa-francesco_20140407_perdon-caricia.html

CAPÍTULO 12

Prometo *regresar* a la comunión con Dios

Toda la pedagogía de Dios está orientada a que prosigamos hacia una vida plena en comunión con él. Cada acción debe medirse por cuánto nos acerca o nos aleja de nuestra paz interior y nuestro contrato de vida, ese que tenemos en el corazón desde antes de nacer. Se mide por la paz interior. Regresar a Dios no es una obligación, sino una invitación amorosa a regresar a nuestra paz interior y al contrato del alma. No se trata de regresar a Dios por miedo a su castigo, sino porque sin él dejaríamos de beneficiarnos de una vida más plena.

La vida de los recién nacidos es muy similar a la historia de la humanidad y representa un arquetipo de lo que nos sucede cada día. Al nacer, los infantes no tienen preocupaciones por su pan ni vergüenza por su desnudez, viven en un mundo de ensueño y benevolencia junto a su madre, hasta un día en que sufren una caída similar a la del hombre en el Edén: cuando antes el bebé vivía como una extensión de los brazos de su madre, ahora desea caminar sin ella. Un buen día les nacen las palabras «yo», «mío», y gritan el primer «no» a sus progenitores, pero, aunque son muy voluntariosos, todavía no tienen suficiente conciencia para elegir entre el bien y el mal, y sin duda caerán. Igual nos sucede a nosotros, sin Dios y sin su ayuda, sin duda caeremos.

Cada día elegimos ser parte de situaciones en la vida que nos acercan o nos alejan de Dios. Regresar es recordar nuestra inocencia y volver a ser como niños. Como decía Jesús: «Dejar que los niños vengan a mí»,[1] porque sólo por medio de la inocencia y una confianza pura podemos

---

1. Mateo 19, 14.

entregarle lo más preciado, para regresar a nuestra comunión con él, al unir nuestra voluntad a la suya. Tampoco podemos olvidar que los niños al igual que los adultos, para madurar necesitan disciplina y formación en el uso de la voluntad.

Todo creyente anhela tener una relación íntima con Dios; existen varios grados en esta relación, de acuerdo con nuestro estado de conciencia y su evolución. Algunos nos relacionamos con él por medio de un conocimiento intelectual, por ejemplo, por medio de la teología, del conocimiento de las leyes de Dios y de su historia; otros le conocen como un psicólogo, a quien interminablemente expresan sus quejas y frustraciones; otros le consideran un padre estricto al que temen, porque piensan que a veces es bueno, pero otras veces creen que los castiga. Algunos ven a Dios como un genio de la lámpara, que sólo existe para conceder deseos, y otros le ven como un jefe al que se necesita complacer con un buen trabajo para obtener la justa recompensa. Otros ven a Dios en la naturaleza. Si bien Dios es para nosotros un poco de todas estas cosas, vivir en armonía con él es diferente. Cuando analizamos el origen de la palabra «comunión», entendemos la clave del propósito de la vida: caminar juntos con Dios para evolucionar. Dios nos dio el libre albedrío, la facultad innegable e intransferible de elegir entre el bien y el mal, pero como bien conocemos, no tenemos la facultad de saber la diferencia por nuestros propios medios. No se trata de unidad ni unificación, en el sentido de que desaparezcamos en su ser, sino de trabajar en sinergia y cooperación con él.

La mayoría piensa que tener una relación con Dios significa sólo una comunicación personal con él: «Yo le hablo directamente, no hago mal, creo en él, y cada cual que le hable y crea a su manera», dice la mayoría. Aunque es cierto que Dios es muy personal y que cada cual tiene su forma de hablarle, se necesita tener fuertes los cimientos de su morada en nosotros; comunión es mucho más que dos, porque significa todos (juntos) con Dios. Orar es hablar con Dios, mientras que meditar en silencio es para escuchar sus respuestas.

Nuestro mundo comienza con una relación con Dios y luego con nosotros mismos, porque al final Dios vive en nuestro interior, y desde allí nuestros deberes se extienden hasta la familia, que es el primer ladrillo de la casa de Dios en la Tierra. Una vez firmes, estos ladrillos, junto al pegamento del amor, se convierten en los cimientos de la comunidad, de la ciudad, del país, del continente y del universo. Al final Dios está dentro de cada uno de nosotros.

LA PROMESA DE LA FAMILIA

«El amor es un acto de fe, y quien es hombre de poca fe también es de poco amor».[2]

En esta época hay diferentes formatos de grupo familiar. Casarse ante Dios no garantiza una unión perfecta ni duradera, pero si la pareja comprende el verdadero significado del amor, el matrimonio contraído se convierte en un acto sagrado, y puede elevar ese amor a Dios. Existen diferentes modelos de parejas, si hay amor, a nadie podemos juzgar. No he visto uniones perfectas, pero sí amores comprometidos por muchos años, casados o no.

No todas las relaciones amorosas son reflejo del amor de Dios, hay uniones que hacen daño, incluso a los niños, porque no les muestran la realidad del amor y el respeto, y en esos casos es mejor separarse. En ocasiones, cortar relaciones tóxicas o abusivas como el abuso o la infidelidad no es tan fácil, son muy parecidas a una enfermedad mental, una adicción.

Sobre matrimonios que han caído en mala comunicación, en los que aún hay amor y que pueden sanarse, se debe recurrir a terapia; no hay nada peor que la obstinación y la falta de perdón. Obviamente, hacen falta dos para mantener una unión, y existen ocasiones en que la separación entre dos personas es lo más sano, y esto va más allá de un papel y una promesa, y no es saludable para nadie mantenerla.

Muchas personas se unen en matrimonio por las razones equivocadas y también muchos no lo disuelven por los motivos incorrectos. La seguridad, el qué dirán, el miedo a vivir solos, lo que dice la Iglesia, el estatus social, el dinero no son razones para quedarse en una relación sin amor. Lo importante es no confundir el amor con la pasión, que sólo dura unos meses.

---

2. Erich Fromm: *The Art of Loving*. Open Road Media, 2013, cap. IV, p. 100, Kindle. (Trad. cast.: *El arte de amar*. Barcelona, Planeta, 2015, cap. IV).

Mientras más se hace su voluntad, más cerca de Dios estamos. Existe una diferencia entre cambiar y transformarse, siempre se puede cambiar una fachada superficialmente. Conversión quiere decir que una materia se transforma totalmente en otra; el pan se convierte en vida cuando se convierte en energía y alimento. La conversión es como un proceso de metabolismo del alma. Sólo Dios puede cambiar un corazón y sólo un corazón despertado por Dios puede cambiar la mente. La palabra «arrepentimiento», en griego *metanoia*, en teología literalmente significa: «cambiar la mente», o «cambiar el espíritu». Es una segunda oportunidad para regenerarnos, lo que naturalmente desembocará en un cambio de dirección hacia Dios. *Metanoia* es lo que sucede a un corazón tocado por el mismo Dios.

Cuando un ser es tocado por el mismo Espíritu de Dios, ya no puede resistirse a su llamado. Algunos son muy escépticos con estas experiencias de cambio profundas: «Tanto que pecó, y ahora cree que es santo», comentan los incrédulos. Este proceso de transformación, en la mayoría de los casos, es muy real y puede ocurrir en un segundo, otras veces puede ser más largo, como algunos enfermos que han tenido una conversión a través de un tiempo de sanación interna y externa; después de la depuración, sus ojos tienen un brillo y una paz que no mostraban antes de la enfermedad. El agradecimiento a Dios cambia la conciencia. Me he dado cuenta de que esto sucede como resultado de invocar a Dios incansablemente, aunque existen muchos otros casos en que la conversión no tiene otra explicación que no sea la gracia de Dios. Tampoco se trata de rechazar totalmente nuestro pasado. La aceptación mira nuestro pasado con compasión, la misma manera que Dios la ve.

Para cambiar no es necesario irnos hacia los extremos, no necesitas cambiar tu identidad para agradar a Dios, como algunas personas que piensan que un cambio de ropa, de nombre, de iglesia, o carrera, van a acercarnos a Dios. A veces estos cambios son una trampa del ego, nos consideramos especiales. De nada valen estos cambios si el corazón vive enjuiciando a los demás.

Todos tenemos un llamado a la excelencia, a participar en la divinidad de Dios, a honrar su imagen por medio de ser la más auténtica expresión de nosotros mismos. Pero nos empeñamos en hacer todo lo contrario, reducimos a Dios a nuestra imagen y semejanza errónea. Lo convertimos en un ser castigador, manipulador y enojado.

La transformación con frecuencia parece algo imposible, pero cuando escucho las historias de los santos, la mayoría antes del cambio y después de él, no eran perfectos, eran personas normales y corrientes que lograron la comunión con Dios, algunos eran doctores, otros eran soldados, pescadores, incluso prostitutas, criminales y hasta perseguidores de cristianos, como lo fue san Pablo.

> No cambiamos para ser aceptados por Dios, nos unimos a Dios con el propósito de que su propio Espíritu, junto a nuestra devoción, nos cambie a nosotros.

En el libro *Confesiones*,[3] san Agustín cuenta dramáticamente y con un profundo arrepentimiento como un día abrió los ojos y se sintió avergonzado por todos sus antiguos vicios y excesos, una vida digna de una novela de pasiones de ese tiempo. Las mismas tentaciones de hoy existían entonces. En el caso de san Agustín, fue un grito que casi rasgaba el cielo, un «¡¿Hasta cuándo?!» que él mismo gritó a Dios, como nos pasa a muchos. Llamado que inmediatamente Dios respondió con su gracia, como lo hace con el peor de los malhechores, si realmente reconoce su error y le invoca.

El llamado no tiene que ser tan dramático; otras veces, aunque no se reconozcan todas las faltas, puede hacerse una llamada tímida a Dios, diciendo: «Muéstrame, estoy dispuesto a ver». Quizás esas cervezas los fines de semana no sean lo mejor. No hay oraciones pequeñas, sino llamadas a Dios que no han sido correctamente emitidas. Entonces vemos como el libre albedrío necesita unirse a la gracia de Dios, para que éste pueda ser amoldado hacia el bien. Eso es la comunión.

---

3. San Agustín, *Confesiones.* Uhrichsville, Casa Promesa, 2014, p. 123.

Mientras lees estas líneas, quizás pienses que conoces a alguien que necesita una conversión o una transformación, siempre pensamos que los que necesitan arreglarse son los otros, pero, aunque nuestra vida no haya sido tan pecaminosa, para que nuestro mundo cambie, primero necesitamos comenzar por nosotros. Todos tenemos grandes o pequeñas adicciones que nos roban energía, desde esas copas de vino nocturnas diarias hasta el consumo desmedido de Internet.

Siempre podemos orar por las personas que amamos y que necesitan un cambio; para lograrlo hace falta fe, pero para tener fe se necesita comenzar por buscar la propia, porque Dios es quien al final te da la fe, la sabiduría y la guía. Santa Mónica, madre de san Agustín, oró por la salvación de su hijo hasta el cansancio y al final lo logró. Si existe una persona que quieres que cambie para bien, y no quiere escucharte, sigue los pasos que el obispo san Ambrosio recomendó a santa Mónica sobre su hijo san Agustín: «No le hables a Agustín de Dios, sino ve a tu cuarto y háblale a Dios de él. He visto milagros, y no hay nadie con más fuerza para pedir intercesión que el amor, sea de una madre, de un hijo o de un cónyuge».

Aunque no seamos perfectos, Dios ve el esfuerzo que hacemos para cambiar por medio de un corazón fiel y sincero. Mientras más se hace su voluntad, más cerca de Dios estamos. A esa experiencia se la llama conversión.

He tenido varios momentos de transformación en mi vida. Equivocadamente se piensa que las conversiones sólo ocurren una vez y de manera dramática. Una de estas transformaciones comenzó con un proceso profundo de búsqueda de comunión con él. Luego de estudiar varias religiones, me di cuenta que necesitaba aprender un poco del cristianismo. Estaba determinada en encontrar sus lecciones originales, así fue como busqué las primeras Iglesias descendientes de esos primeros devotos que se llamaron cristianos, lo que, según Hechos 11 ocurrió en Antioquía. Pensaba que tendría que ir a Damasco cuando me encontré con una gran sorpresa, había una iglesia bizantina, heredera de Antioquía, muy cerca de mi casa en Miami, la misma donde me sentaba a orar algunas veces, sin percatarme de su procedencia. Estaba justo frente a mí.

Un día, en medio de la escritura de este libro, pausé y desde la ventana de mi edificio, que casualmente mira hacia esa iglesia, osé decir: «Si tú de verdad eres Dios, entonces muéstramelo sin lugar a duda, revélame tu identidad porque no puedo entenderlo». No fue tanto un reto como una frustración. Dos semanas más tarde me propuse hacer mi primera confesión, había logrado esquivar la confesión por siete años en un colegio católico. Me decía a mí misma que lo hacía por pura investigación, estaba trabajando en el capítulo de la promesa de la integridad. Entendía que la confesión era como una especie de exorcismo que cortaba ataduras con todas esas acciones equivocadas del pasado. Dios sabe que no me vendría nada mal quitarme de encima algunos demonios, pensé.

En principio, no recordaba ninguna falta. Mi primer sentimiento al comienzo del rito fue una gran tristeza por haberle faltado al respeto a mi abuela a mis quince años. Lo más impresionante ocurrió unos segundos después. Mirando los ojos de Jesús en un ícono sagrado de la iglesia, como parte del rito griego de la confesión católica bizantina, me sentí como si me hubieran flechado. Experimenté un extraño vuelco en el corazón y, sorpresivamente, en un segundo algo cambió dentro de mí, entré en un estado alterado de conciencia, donde ya no sentía el tiempo y percibí cada error de mi vida en un instante. Me sentí desnuda, arrepentida y avergonzada. No hablé y nadie me habló, pero lo comprendí todo, se desvanecieron mis dudas, sentí su gran amor y una reverencia inexplicable hacia Jesús que hizo que bajara la cabeza. En medio de la alegría de encontrarlo, sentí una gran nostalgia por haberle olvidado durante tantos años.

La sensación extraña en el corazón me duró una semana, igual la sensibilidad, no pude contener mis lágrimas de alegría, era como reencontrarme con alguien muy querido, como haber arreglado algo que estaba roto. Con esta experiencia comprendí lo que escribía san Agustín de Hipona, que «para entender, primero es necesario creer», y creer tampoco es sentir o entender. Al final es muy difícil llegar a Dios sólo por el intelecto, se llega por la fe, aunque no se vea el final del camino.

Lo más impresionante y difícil de explicar es cómo en un segundo se puede tener una experiencia divina de tal intensidad. Una sola explicación es posible: *metanoia*.

En la tradición de los antiguos padres de la Iglesia se dice que el corazón es la puerta para conectarnos con Dios; no sabía que esto era así literalmente, pensaba que el corazón era un simbolismo, pero sin duda es una puerta real.

La experiencia duró poco, y al regresar a la normalidad, debo reconocer que ya no era la misma. Tampoco me santifiqué, tengo los mismos problemas y las mismas tendencias hacia el error. Al contrario, abrió muchas cajas de Pandora que estaban cerradas. Encuentro que es común, luego de llamar a Dios, comenzar a ver lo que negabas. Cuando al fin puedes ver, ya no es posible quedarte en la situación sin experimentar un cambio de dirección. El período de regreso a Dios es un camino hacia nosotros mismos, no es tanto de prueba como de despertar; a veces la luz en unos ojos que han estado acostumbrados a la oscuridad, de pronto deslumbra, pero más se pierde manteniéndonos a oscuras que sometiéndonos a un repentino pero amoroso despertar. Esto es un camino que recorremos a diario.

La comunión con Dios, como una batería, no es eterna, y es necesario alimentarla a diario con oración, meditación y comunión. Esa fuerza es un regalo de amor que necesita reabastecerse con oración, entrega y perdón.

Hoy puedo ver que la llama del amor de Dios puede encenderse en un instante, pero luego toma una vida cuidar de ella, para mantener encendida la chispa divina de la fe. Sin la iluminación diaria de Dios, somos como hermosos faroles sin la llama interior y sin la capacidad de alumbrar. Mirando en retrospección, esa experiencia me llevó a un extremo religioso, del que regresé a un centro más balanceado y tolerante.

HERRAMIENTAS PARA MANTENER NUESTRAS PROMESAS

Por mejores intenciones que tengamos, vivimos en un mundo donde existen todo tipo de invitaciones a caminar en contra de nuestro propio bien, sólo nuestro Dios es el manto que nos protegerá. Muchas personas pensarán que la voluntad de Dios limita demasiado, pero es todo lo contrario, la verdadera libertad realmente reside en tener unos límites muy firmes y caminar con él, de otro modo, corremos el riesgo de ser manipulados por cada uno de los miedos y deseos que llegan del exterior, y eso no es libertad. El pecado más grande es no ser nosotros mismos.

Prefiero ser siervo de Dios que esclavo del mundo.

Existen varios impedimentos para la comunión con Dios. Ya somos uno con Dios, como decía Pablo, cuando nos recordaba que en él vivimos, nos movemos[4] y tenemos nuestro ser; pero podemos olvidarlo. El ser humano necesita regresar constantemente a la comunión con Dios. Es por esta razón por la que muchas religiones practican las oraciones varias veces al día. Necesitamos utilizar nuestros cinco sentidos para conectarnos, como usar el cuerpo, la voz, y las manos, y es por esto por lo que algunos hacen postraciones, mientras que otros mueven el cuerpo, bailan, cantan, se sumergen en el agua, o toman la eucaristía. Sobre los posibles impedimentos a la comunión con Dios se derivan muchos más, pero es un buen comienzo para observarnos a nosotros mismos:

- **La autosuficiencia.** Cuidado con la falsa autosuficiencia. «Auto» nace de la palabra griega *autos,* que significa «por sí solo», como la palabra «autoayuda», me ayudo solo. Puede que algunos estén tentados a decir: «Soy feliz así, tal como estoy…», entonces imagina cuánto más feliz pudieras estar si caminaras con Dios.

La fe es como una flor, toma mucho tiempo para que una planta florezca, pero sólo un segundo para que el fuego de la duda marchite sus delicados pétalos.

- **La distracción.** Otra de las maneras de alejarnos de Dios es estar muy ocupados, incluso trabajando para él. Muchas veces la motiva-

---

4. Hechos 17, 28.

ción que se esconde tras la verdadera –lamentablemente– no es agradar a Dios, sino la aprobación de los demás o la seguridad. Cuando el jefe, ser voluntario, un nuevo amor, el mantener un trabajo, un proyecto o incluso la familia se vuelve más importante que mantener la integridad, que tus momentos de silencio y oración a Dios, es una distracción. No es abandonar nuestra vida, al contrario, para que todo lo anterior esté en armonía, primero necesitamos ir a él.

- **La apatía.** Es otra palabra para describir la pereza, el desgano por la vida. Es cuando somos indiferentes y nada nos interesa. A veces comienza poco a poco, con un «Hoy no tengo ganas de nada». La apatía es peor que la ceguera; la ceguera es no ver, pero la apatía es ver y no estar dispuesto a hacer. Es cuando el placer del confort se vuelve más importante que hacer lo necesario, como realizar un cambio, ayudar a otro, hacer tu práctica espiritual o buscar ayuda. La apatía se vence con la acción, en ocasiones en contra de nuestra comodidad. Encuentro que con un solo paso de valentía junto a una oración, se puede vencer la indiferencia, porque detrás de la apatía, usualmente se esconde la falta de amor propio junto al miedo a fracasar, al falso pensamiento de creer que no marcamos la diferencia.

- **El apego.** Es un fanatismo hacia cualquier área en la que tengamos un deseo desmedido de poseer, aunque sean cosas aparentemente buenas, como el éxito en el trabajo, en el amor, en el dinero y hasta en la religiosidad. El deseo desmedido busca llenar un vacío imposible, invalida y pretende sustituir la voluntad de Dios.

- **El miedo y la culpa.** No es lo mismo el temor de Dios –que se interpreta como respeto a Dios– que el temor a Dios –que nace del miedo– por una falsa creencia en un Dios castigador. Este miedo acompañado de la culpa evita nuestro regreso a Dios.

MANERAS DE MANTENER LA COMUNIÓN CON DIOS

Existen dos sentimientos contrarios en el camino de la comunión con Dios; sabrás cuándo te alejas de tus promesas por la angustia, la ansiedad, la falta de paz, la desesperación, el odio y la falta de perdón, mejor conocido como desconsuelo. Esto no quiere decir que hayas perdido a Dios, pero sí que has permitido alguna invasión de miedo o duda, la cual, al regresar a Dios, de seguro vencerás. A veces no se siente la paz del regreso instantáneamente, pero puedes descansar en que los malos momentos pasarán. Sabrás que regresas a tener consuelo cuando regresas a la comunión por medio de la paz, la fe, la esperanza y el amor. A continuación, sugiero algunas prácticas para la transformación y sanación espiritual:

- **Escuchar la voluntad de Dios.** ¿Por qué será Dios tan silencioso? Me pregunto si no es tanto que Dios sea silencioso como que nosotros seamos tan ruidosos o tan sordos. El ruido del apego, de lo que deseamos con todas las fuerzas, puede silenciar la voz de Dios, al menos momentáneamente. La primera parte de la comunión es estar dispuesto a buscar su voluntad, es buscar el silencio al hacer el sacrificio de entregar eso que tanto deseamos (el ruido) a cambio del silencio (la paz) que precede el elegir y querer sólo lo que Dios sabe que necesitamos.
- **Orar a Dios.** Existe una diferencia entre meditar y orar: la meditación calma la conversación mental, pero la oración es una conversación con Dios que da paz a tu alma. La oración puede durar un minuto o puede ser un perpetuo murmullo agradeciendo a Dios. Existen muchas maneras de orar, pero aquí me refiero a tener una conversación como lo harías con un padre o una madre amorosos.

Pedir con humildad, pero actuar con tenacidad desde la premisa del que pide con la certeza de que recibirá lo necesario. Jesús mostró que si tuviéramos la fe del tamaño de un grano de mostaza moveríamos montañas.[5] No hablo sólo de pedir. La oración se ha convertido en un decreto condicionado a lo recibido, y no hay duda, nuestras palabras y pensamientos tienen la habilidad de destruir y también de crear, lo que sucede es que la mayoría no sabemos discernir lo que nos conviene. También debemos saber cómo no orar. Cuando decimos «Pide lo que quieras», «Puedes tener lo que quieras», «Declaro esto» o «Decreto

_____

5. Mateo 17, 20.

aquello», estamos dando instrucciones a Dios en vez de pedirlas a él para que nos guíe, son palabras fuertes que vienen con sus condiciones y que dicen silenciosamente: «Creo en ti si me das lo que quiero». En nuestra arrogancia de creer que todo lo podemos, nos olvidamos de que nada se mueve sin su mano. Jesús siempre invocó primero la voluntad de Dios. Puedes invocar y pedir en el nombre de Dios, pero como vimos antes, sella con la cláusula de que primero se haga la voluntad del Padre. Igualmente, los cristianos pueden pedir en el nombre de Jesús.

«Si piden algo en mi nombre, yo lo haré».[6]

En tu nombre, Jesús, y en tu voluntad pido el amor, la paz, la salud, la abundancia y más que todo la fe.

Recuerda que la manera más alta de pedir es para tu bien y el de todos los demás (incluyendo el de tu enemigo). Declarar significa afirmar un pensamiento. Pero he encontrado que la forma más alta de pedir un bien a Dios no es afirmando o declarando, sino recordando sus cualidades de amor y permitiendo que nos muestre, porque él en su sabiduría conoce lo mejor para ti, aunque ni tú mismo puedas verlo.

Pedir correctamente no es exigir, es pedir a Dios que aclare tu pensamiento para que el deseo sea congruente con lo que Dios quiere para ti.

Es preferible obviar lo específico y pedir que no sean tus deseos los que se hagan realidad, sino la voluntad divina, lo que sea para tu mayor bien y que igualmente beneficie el plan personal de todos los demás.

Mi Dios, muéstrame la verdad de cada situación que se presenta y permite que esté en paz con tu respuesta.

---

6. Juan 14, 14.

A veces, la mejor oración es la que Dios no responde. Cuántas veces he mirado hacia atrás y me he dicho: «Gracias, mi Dios, por no haberme complacido en ese deseo, el cual, de haberse dado, hubiera sido catastrófico». Esto lo experimenté con trabajos, amistades, parejas y multitud de proyectos y deseos. Otras veces no tuve tanta suerte y mi libre albedrío fue tras el deseo de todas formas, con sus desagradables consecuencias. No siempre podemos elegir el resultado de la oración, a veces el milagro es que no ocurra absolutamente nada; pero siempre podemos elegir la paz, al aceptar la voluntad más alta de Dios para nosotros. Jesús fue humilde con sus pedidos.

«Padre, [...] que no se haga mi voluntad, sino la tuya».[7]

- **Orar en familia.** Una vez que tengamos el hábito de orar, podemos invitar a nuestra familia a hacer lo mismo. El problema más grande de las familias es que no oran juntas o no practican rituales de fe juntas. Dar gracias a la hora de comer es un sencillo pero poderoso ritual. Otro lazo roto en la familia son nuestros hijos. Como padres, mientras nuestros niños están bajo nuestro techo todavía tenemos el poder de mostrar dónde se desarrollan y con quiénes pueden compartir. La herencia más importante para nuestros niños es la fe.

Nuestros niños nacen y muchos, desde el vientre, ya son colocados en la misma carrera de sus padres para lograr grandes metas. Nos preocupamos porque vayan al mejor colegio, que tengan las mejores calificaciones, las mejores clases de *ballet* y piano, y que tengan amigos en la sociedad. Queremos que sean los mejores en los deportes, que tengan el mejor coche, la mejor casa, pero ¿cuál es el regalo más importante? Buscamos darles una estructura en la vida, pero se nos ha olvidado lo esencial, la estructura espiritual.

- **Meditación.** La meditación también puede ser cristiana. Aquí me refiero a buscar maneras de conseguir el silencio. Por ejemplo, puedes rezar el rosario convencionalmente con sus avemarías, o rezar padrenuestros. ¿Por qué María? La oración es literalmente de la Bi-

---

7. Lucas 22, 42.

blia; el ángel llama a María: «Dios te salve, llena eres de gracia». Y «El Señor es contigo. Bendita eres entre todas las mujeres». En esta oración de intercesión, los católicos le pedimos a María que ore por nosotros, el ser más cercano a Jesús. Siempre aclaro la diferencia entre intercesión y mediación. Sólo Jesús es mediador. Mientras que intercesión es cuando pedimos oración por otro.

La meditación no sólo es una práctica de Oriente. Prácticamente todas las religiones tienen una herramienta como un collar o brazalete de cuentas similar para calmar la mente, desde el *mala* del budista y el hinduista hasta el *tasbih* musulmán. Los griegos tienen el *kombuskini*, que son nudos de cruces para orar, usualmente la oración de Señor ten misericordia. También el *komboloi* griego (no es religioso, pero se usa para calmar la mente, se llama también las cuentas de las preocupaciones, con razón). Últimamente, algunas denominaciones cristianas han adoptado los *prayer beads* o «cuentas para orar». Muchos no saben que la practica cristiana de la meditación llamada *hesicasmo* tiene 2000 años, practicada por los padres de la Iglesia. Pablo le llamaba orar sin cesar y Máximo el Confesor, un meditador antiguo, también lo mencionó. En nuestra época está la meditación centrante, o *Centering Prayer*, del padre Thomas Keating, quien la describe como la «intención de dar consentimiento a Dios para que su presencia y acción se exprese dentro de nosotros». No olvidemos la práctica de oración a solas de Jesús. Entre otros meditadores católicos, se encuentran Thomas Merton, san Francisco de Asís, santa Teresa, santa Clara, en fin, la meditación se usa para trascender el ego, yo sólo busco transcender la voz de la mente, para escuchar la voz de Dios.

PROMETO LLEVAR DE LA MANO A MIS HIJOS

¿Cómo acercar nuestros niños a Dios? Les comparto estas lecciones de mi propia experiencia.

La mayoría de estos pasos se aplican a toda la familia, la mujer especialmente tiene la gran encomienda de mantener su hogar cerca de Dios, porque primero necesitan regresar los padres, luego los niños aprenden por imitación. Si te has alejado de la fe, te invito a comenzar el regreso por medio de la oración. La mayoría de los hijos, de adultos, finalmente regresan a la fe que han aprendido de sus padres. En la adolescencia pueden rebelarse, pero al menos tienen un comienzo. Igualmente puede pasar lo contrario, que se revelen por la falta de congruencia con lo que se mostraba y se hacía.

Los niños aprenden con el ejemplo, con cómo actuamos para superar un reto, no con lo que decimos. Recomiendo comenzar temprano a educar a tus hijos en el amor a Dios; la adolescencia es el peor momento para mostrárselo, porque los muchachos todo lo retan (aunque nunca es tarde). La edad temprana es el mejor momento, junto a los cuentos de hadas, princesas, héroes, músicos, podemos leerles estas bellas historias de la Biblia. ¡Qué héroe más grande que el mismo Jesús, que Moisés o Noé! ¿Hay otro héroe mediático que haga la voluntad de Dios?

Ora con tus niños y convierte ese hábito en una rutina. Sé el enlace de tus hijos a la espiritualidad. Nunca pierdas la oportunidad de probar la fe por medio de la oración con tus hijos; sea al orar por una mascota o para que se mejoren de una fiebre.

Cuando te enfrentas a un gran reto en la vida, como una muerte o una enfermedad, es importante tener esta conexión con Dios previamente establecida. Muchas personas dicen que no quieren imponer ciertas creencias determinadas a sus hijos, que las busquen ellos, que son elecciones muy personales. ¡Qué gran error! Si no lo hacemos nosotros, alguien se encargará de mostrarles su propia religión, ya sea un culto, el dinero, la fama, el mundo, o quizás le mostrarán otros héroes equivocados.

Qué su héroe sea Dios y luego, aunque se pierda de su meta, podrá regresar porque tiene el camino de regreso ya trazado.

Oren juntos a la hora de comer, reciten la oración del padrenuestro. También antes de dormir y a la hora de despertar, les protegerá por siempre. Muestra reverencia hacia Dios siempre. Que Dios sea el centro de tu familia. Participa en todas las festividades, rituales y celebraciones de la práctica de tu fe y hagan caridad juntos.

El día de mañana, tener a un Dios a quien entregar el dolor de una pérdida, especialmente cuando ya no estés para consolarlos, es el legado más importante que puedes dejar a tus hijos: las llaves de la paz.

- **Leer la Biblia es escuchar a Dios.** Hasta hace poco no era capaz siquiera de abrir un libro sagrado. Ahora siento que leer la Biblia no es comprensión sino intención, es como llamar por teléfono y marcar la línea directa a Dios, el mensaje llegará a tu corazón, aunque no lo comprendas. Recuerda también que la Biblia no siempre es literal, está llena de metáforas, cantares y poesía, como los Salmos. Las interpretaciones que se utilizan para odiar a otros no son de Dios. Cuando sabes que Dios es amor, es muy difícil utilizar escritos sagrados para justificar acciones profanas que justifican la muerte, la venganza y el odio.

Cuidado con el fanatismo, donde se usan las profecías para buscar aliados y crear más guerra. La teología correcta no te llevará a atacar a otros, sino a aclarar tu fe y buscar a Dios, no por miedo, culpa o juicio, sino por medio del amor.

- **Orar en comunidad.** Caminar junto a Dios incluye a toda la humanidad, los seres de la Tierra y aquellos que ya están en el cielo. La palabra «iglesia» nace del griego *ekklēsía*, los llamados a congregarse, pero la verdadera comunión con Dios no sucede en un edificio, la más grande, ocurre de manera invisible. Es importante encontrar una comunidad donde apoyarnos, aunque a veces no resulta fácil encontrarla; algunos círculos pueden incluso ser cerrados, pero Dios te mostrará el camino, con servicio, apertura e insistencia lograrás sentirte parte de un grupo que te ayudará a crecer. Mi primer encuentro con la Iglesia fue sentarme sola y orar unos minutos, lo hice así durante mucho tiempo antes de decidir ir a una misa.

Más adelante llegó el momento de partir y vivir la práctica en el mundo. Cada cual tiene su camino.

Hazlo a tu tiempo y en tu momento. Es muy importante que mientras buscas a Dios, tengas un apoyo cercano que esté en el mismo camino, porque cuando uno cae, los otros le levantan. En esta Tierra muchos caminamos enfermos, y el remedio no es irnos a una cuarentena ni vivir en claustro, porque en Dios encontramos el repelente y la sanación diaria para seguir purificándonos por medio de la oración, el perdón y el amor. Recuerda que Dios es el médico y no el juez, su casa es un hospital y no una corte.

«Donde dos o tres se reúnen en mi nombre, allí yo estoy en medio de ellos». Así dijo Jesús.[8]

No busques la perfección; si acudes a urgencias de un hospital encontrarás enfermos, pero también desarrollarás la inmunidad, la compasión y tomarás medicina junto con ellos. No existe una sola institución (educativa, gubernamental o religiosa) libre de error, mantente alerta, el problema no es la Iglesia, sino la sociedad, y la Iglesia es un reflejo de lo que ocurre afuera.

Algunas entidades religiosas, más que acercarte a Dios pueden alejarte con sus burocracias, normas estrictas y prejuicios. Si te sientes superior, éste es un buen indicio de estar en el camino incorrecto. En vez de sanar, muchos usan la Palabra como un arma para enjuiciarnos; en vez de acercarnos, nos alejan. Lo sé porque lo viví, pero te animo a que no te des por vencido. Por otro lado, si vamos a la iglesia y somos fervientes allí, pero no miramos al prójimo, no cuidamos del ambiente, o si nuestros negocios no están íntegros y dirigidos a un bien mayor, no estamos caminando en comunión con Dios.

El denominador común para comunicarse con Dios es la voluntad de tener apertura, eligiendo por medio de tu propio libre albedrío el regreso. Esto tiene más fuerza cuando se hace en comunidad. Aunque dos o más en su nombre es suficiente y los grupos de oración, por ejemplo, son un medio válido para mantenernos en el camino. Personalmente tengo mi grupo de personas a fines con las que hacemos oraciones.

---

8. Mateo 18, 20.

Un corazón que elige seguir cerrado a la guía divina es lo único que puede intervenir con estas promesas. Lo he visto en personas extremadamente devotas en el sentido de ayudar en la iglesia y asistir todos los fines de semana, pero con un corazón negro, y no hablo de ser perfectos, todos erramos.

Aunque nos creamos religiosos y estemos viviendo y siguiendo la mayoría de los rituales, si no estamos dispuestos a actuar de acuerdo con la voluntad de Dios, no tendremos ese amor en el corazón y no estaremos caminando en el camino de Dios, sino en nuestro propio camino confundido de soledad. Por el contrario, un corazón que elige estar abierto a su mensaje, que se entrega, logrará salir hacia adelante en el camino espiritual por medio de la misma mano de Dios.

- **Practicar el autoexamen.** Hacer un examen de conciencia es la mejor manera de mantener nuestro lazo con Dios.

La confesión es excelente, como lo es comulgar (si es tu fe), practicar el perdón y realizar ayunos en las fechas especiales, todos son una gran ayuda para la comunión con Dios. A veces hacer un autoanálisis es tan simple como tratar de quedarte en silencio para explorar tu día con el pensamiento y hacer cambios a lo que encuentres necesario; asimismo, se puede agradecer todo lo sucedido, de acuerdo con tus acciones en varias áreas de tu vida. ¿Cómo está tu propósito? ¿Tu servicio? ¿Cómo has tratado a tus familiares, a tu pareja? ¿Has cuidado tu salud? ¿Cómo te sientes?

- **Ayudar a otros.** Lo que hagamos por los demás, lo hacemos a Jesús; amar a los demás es el acto de comunión más valioso de fe. Ayudar no sólo significa asistencia material, también es importante la asistencia espiritual, a veces es tan simple como escuchar y hacer un gesto de empatía con cada lamento.

Jesús invita a vestir al que está desnudo, dar agua al que tiene sed, visitar al enfermo, dar pan al que no tiene comida y visitar al preso. A veces la prisión no es física, tampoco la sed, siempre he pensado que si ayudas a que un solo ser angustiado vuelva a Dios y a la paz de Dios, has devuelto la vida a una persona y con ese acto has provocado una gran fiesta en el cielo. Si ayudas a una persona es posible que ayudes a varias generaciones. Muchas personas se avergüenzan de hablar de Dios; se debe respetar el espacio y la religión de los demás. He aprendido el lenguaje de varias religiones y siempre busco la lección común, aquello que nos une; los valores al final son eternos. Evangelizar no es convencer, es compartir la buena nueva: que Dios te ama y desea que seas feliz aquí y ahora.

DAR LAS GRACIAS

La palabra «eucaristía», que también se conoce como el sacramento de la comunión, viene del griego *eucharisteo,* que en el contexto de la iglesia significa «dar las gracias a Dios». Jesús antes de la crucifixión, a pesar de saber lo que le esperaba, se sentó con sus apóstoles, dio las gracias, partió el pan, tomó la copa y les invitó a hacer lo mismo. El ritual del sacramento de la comunión, si es tu fe, es una de las formas más altas de mantener nuestra comunión con Dios, tal como lo hicieron los primeros cristianos cada primer día de la semana (domingos). Para muchos es un suero de su Espíritu en nuestro ser. Dar las gracias incesantemente, por la comida, por el aire que respiramos, por la vida, por nuestros seres queridos, por su amor.

Compartir el pan junto a un necesitado te une a Dios, como bien dijo Jesús: «Lo que hicieron por uno de estos… más pequeños, por mí mismo lo hicieron».[9]

PROMESAS BASADAS EN EL PADRENUESTRO

Cuando alguien me pregunta qué es lo más poderoso que puede hacer para sanarse, sin duda le respondo que comience por aprender la oración del padrenuestro, lo que ha sido una de las prácticas más constantes y efectivas que he hecho desde la escritura de mi primer

---

9. Mateo 25, 40.

libro. Algunos encuentran esta respuesta demasiado simple y me preguntan si les puedo recomendar algo más que no suene tan religioso, la confunden con culpa y castigo. Al final es una oración que ha sido utilizada como penitencia al final de las confesiones. Encuentro que el padrenuestro es una poderosa oración que está a tu alcance, no cuesta nada hacerla y no son necesarios complicados cursos para comprender su significado. Lo que sí es importante es hacerla con fe y conciencia, porque muy a menudo se desperdicia su aroma por la falta de atención a su contenido.

En mi libro anterior, *Los ciclos del alma,* hice una adaptación personal del padrenuestro,[10] pero en esta ocasión voy a extender su significado y a sugerir unas promesas para completar sus siete pedidos a Dios, según esta hermosa oración mostrada por Jesús.

El propósito de estas promesas es la reflexión y el enfoque por medio de nuestra apertura consciente hacia Dios; en la medida que sigues en el camino, tus ojos se van abriendo. Estas promesas son un gran comienzo para la sanación. La primera parte es nuestro pedido a Dios y la segunda nuestra promesa:

1. Padre nuestro que estás en los cielos. Prometo no olvidar que eres omnipresente, pero a la vez que no dejas de ser mi propio Padre y eres mi familia. Recuerdo que contigo soy parte de tu cielo, que no necesariamente es un lugar «allá arriba», sino que vives en el mundo invisible, y aunque estás en todas partes y no puedo verte, tengo la certeza de que tu Reino, que es un estado de amor y paz, es tan real como mis propias manos. Estoy en ti de la misma forma que estás en mí y en todos los seres que habitan este universo.

2. Santificado sea tu nombre. Prometo recordar tus cualidades, que son el amor puro omnisciente y omnipresente, todo lo llenas con tu luz. La alabanza me recuerda que eres bueno, como eres parte de todo, todo lo renuevas al recordarte.

3. Venga a nosotros tu Reino. Prometo no olvidar tu estado de amor, que tu Reino no es un solo lugar, sino un estado de alegría y gratitud al que puedo acceder aquí y ahora. Tu Reino está dentro de noso-

---

10. Mateo 6, 9.

tros, y allí ya hay paz, amor y todo lo que hemos soñado. Prometo ayudar a otros a recordarlo.

4. Hágase tu voluntad en la Tierra como ya se hace en el cielo. Prometo invitar y permitir tu voluntad, que es puro amor, paz y dicha. Hoy y siempre, mi más alto anhelo es ofrecerte mis manos, mi mente y mi voz para llevar tu mensaje por medio de mis talentos. Mi más alto propósito es hacer tu voluntad como ya se hace en tu cielo. Mi voluntad es que se haga tu voluntad, que es elevar nuestra conciencia a tu estado de perfección mientras me encuentras en el camino hacia ti, donde quiera que esté.

5. Danos hoy tu pan de cada día. Prometo confiar plenamente en tu alimento de vida por toda la eternidad. Tu Palabra y tu Espíritu son suficientes, y nutren eternamente mi ser de ti. Cada día caminaré en la certeza de que por ti recibo lo necesario. No voy a preocuparme por lo que me falta, contigo nada falta, tú eres suficiente. No sólo de pan vive el hombre, nos recordaste; vivimos de esperanza, de energía vital, de tu dicha y de tu amor.

6. Perdona nuestras ofensas como también perdonamos a los que nos ofenden. Prometo pedir tu ayuda para perdonar y hacer el esfuerzo de perdonar las faltas de otros. Me perdonaré a mí mismo, porque en tu pecho sólo hay perdón, compasión y comprensión para mis caídas. Mi caminar será un eterno perdonar y ser perdonado.

7. No nos dejes caer en tentación y líbranos del mal. Prometo no exponer mis sentidos a nada que pueda dañarme o hacerme caer en la desesperanza, incluyendo los malos pensamientos. El peor enemigo es la voz de la desconsolación. Prometo caminar cada día de tu mano y bajo el manto de tu protección. No permitas que lleguen a mí tentaciones y situaciones que me alejen del verdadero camino del alma.
Amén.

Tenemos un reencuentro con Dios por medio de la acción de preguntar y luego por el regalo de su respuesta, aquella que él mismo un día, sin darte cuenta, te coloca en el corazón. Hoy mi más grande deseo es que estas palabras ayuden a que tengas un poco de esperanza en tu vida; somos como veleros en el mar, navegando hasta el vestigio de nuestro hogar en el horizonte. Espero que estas lecciones sean una brisa que mueva tus velas hacia el sentido de vida y el amor de Dios.

LA PROMESA DE LAS PROMESAS

El agua ha sido el medio conductor de vida y de muerte desde el principio de los tiempos, entrar en el agua bendecida es entrar con Jesús en la misma agua que le cubrió en el Jordán y morir y renacer con él. En mi falta de una buena definición para describir la alianza que hacemos por medio del agua, imagino el agua como el conductor de una gran fuerza, simulando cómo el agua conduce energía eléctrica y nos une a todos con el mismo cuerpo de Jesucristo al llenarnos de su magnífica presencia por medio del Espíritu Santo que ha sido invitado a residir en nosotros. El agua ha sido símbolo de purificación, de conexión y absolución por milenios, desde el Ganges hasta el río Jordán, el bautismo sirve como una limpieza, como protección del mal.

Quiero compartirles esta poderosa oración a Dios, que puede hacerse como una invitación para renovar esta promesa de limpieza y absolución. Mientras la escuchaba en mi iglesia, al santificar el agua para rociarla sobre los presentes el día de la celebración de la teofanía, mi cuerpo se estremeció con sus bellas palabras. Aquí les comparto algunos de sus párrafos, adaptados para hacer esta oración personal y reactivar nuestro bautismo. En el proceso, imaginen las aguas del Jordán o pueden rociarse con agua bendita. También simbólicamente coincidirá con el final de este libro, porque pienso que después de leerla ya no quedarán más palabras que expresar, sino un nuevo comienzo de la mano de Dios.[11]

Que la voluntad del Padre, la dirección del Hijo y la sabiduría del Espíritu Santo caminen siempre a tu lado.

---

11. Oración adaptada del rito bizantino.

Oración de la bendición del agua

Grande eres, Señor, y tus obras son maravillosas y no hay palabras suficientes para expresar tus maravillas (decir 3 veces).

Con tu voluntad has sacado todas las cosas de la nada a la existencia, con tu poder sostienes la creación y con tu providencia riges el mundo. Compusiste la naturaleza de cuatro elementos y coronaste el año con cuatro estaciones. Ante ti tiemblan todas las legiones de ángeles. El Sol canta tus alabanzas, la Luna te glorifica, las estrellas interceden contigo. A tu paso se derrumban los abismos, has rodeado las aguas de arena y distribuyes el aire para que respiremos. Toda la creación te entonó un himno cuando apareciste entre nosotros, porque tú, oh, Dios nuestro, estuviste en la Tierra y viviste en medio de los hombres. No pudiste vernos sufrir atormentados por el mal, en tu misericordia, tú nos has salvado. Tú santificaste las aguas del Jordán, enviando de lo alto del cielo tu Espíritu Santo.

Oh, Rey, amante de la humanidad, ven ahora, dame la gracia de la redención, la bendición del Jordán, perdona mis pecados, alivia mis enfermedades, tanto del cuerpo como de mi alma, santifica mi hogar, purifica mi ser, hazme digno(a) de llenarme de tu ser.

Hoy y siempre, rechazo el mal, junto a todas sus huestes y principados y recibo por la eternidad el manto de protección del Padre, del Hijo y del Espíritu Santo.

(Inclina la cabeza)

Amén.

Jesús nos aseguró: «No les dejaré huérfanos; vendré a ustedes. El mundo no me verá más, pero ustedes me verán: porque yo vivo, ustedes también viven. En ese día sabrán que yo estoy en mi Padre, y ustedes en mí, y yo en ustedes».[12]

---

12. Juan 14, 18.

Guía de estudio

SUGERENCIAS PARA GRUPOS DE ESTUDIO, REFLEXIÓN O PARA CLUBES DE LECTURA

Muchas personas me han escrito que se reúnen en sus hogares para compartir las lecciones espirituales que escribo. ¡Me parece muy buena idea! Aquí les comparto algunas sugerencias para dicho fin. Las lecciones de *Las 12 promesas del alma,* aunque no son un curso formal, tienen bastantes temas para invitarnos a una bonita reflexión espiritual y hasta llevarnos a buscar más a fondo respuestas a nuestras preguntas por medio de sus propias notas y versículos de la Biblia.

Muchos nos encontramos muy solos, y el Internet no llena nuestras necesidades de relacionarnos. Tomen esta oportunidad para quizás ir de casa en casa, compartan un chocolate caliente, un té y algo de repostería que endulce un poco la vida. Es lindo compartir.

SUGERENCIAS PARA COMENZAR LOS GRUPOS DE ORACIÓN:

1. Un tiempo predeterminado semanal, quincenal o mensual es muy bueno para mantenernos en la oración y en la pregunta. Una hora es suficiente.

2. Les recomiendo comenzar por medio de rezar un padrenuestro y luego invocar al Espíritu Santo, para invocar su presencia y discernimiento.

3. Pueden hacer un ejercicio de respiración para librarse del ajetreo del día, simplemente cerrar los ojos y respirar profundamente diez veces es suficiente.

4. Leer una página del libro *Las 12 promesas del alma* por reunión es buena idea, dependiendo de cuánto tenga la lección, a veces una página o una y media es suficiente. Escojan a alguien del grupo para leerlo.

5. Escojan unos párrafos de la Biblia para leerlos después, les recomiendo ir a las notas del libro de cada promesa, allí verán algunas lecturas en las cuales me he inspirado.

6. Cerrar con una canción que les inspire espiritualmente.

Tomen las preguntas a continuación y reflexionen sobre ellas. Luego compartan. Aquí no recomiendo un tono de enseñanza, sino de compartir sobre sus experiencias, no se debe dar consejo a otro, estas preguntas son sólo una guía, para que cada cual exprese su experiencia sin juicio de los demás. Para que no se alargue la reunión, necesitan colocar límite por persona al compartir. Un líder en el grupo es preferible, para ayudar a moderar con amor, pueden rotarlo por reunión. Las personas deben participar si gustan, pero igualmente pueden sólo escuchar.

ALGUNAS PREGUNTAS:

¿Recuerdas cómo esta lección de la promesa ha sido un reto en tu vida?

¿Qué lección has aprendido de la lectura de la Biblia?

¿Recuerdas cómo te ha ayudado a tener paz en tu vida?

¿Recuerdas cómo te ha acercado más a Dios?

¿Quieres hacer una intención contigo mismo, para aplicar esta promesa esta semana?

La semana siguiente pueden compartir lo aprendido y comenzar de nuevo.

Registra tu grupo por medio de un mensaje directo o MD, a mi Instagram @sharonmkoenig y escribe: Grupos de *Las 12 promesas del alma*.

Índice